QUE

La langue occitane

PIERRE BEC
Professeur honoraire à l'Université de Poitiers
Ancien Président de l'Institut d'Etudes Occitanes
Ancien Directeur du Centre d'Etudes Supérieures
de Civilisation Médiévale

Sixième édition corrigée

41ᵉ mille

DU MÊME AUTEUR

Au Briu de l'Estona (poèmes occitans), Toulouse, I.E.O. (coll. « Messatges »), 1955, 56 p.
Les saluts d'amour du troubadour Arnaud de Mareuil, édition critique, Toulouse, Privat, 1961, 183 p.
Belina, de Miquèu de CAMELAT, édition critique, en collaboration avec Robert LAFONT, Toulouse, I.E.O. (coll. « Sorgas »), 1962, 182 p.
Mains d'aube (poèmes français), Rodez, Subervie, 1966, 46 p.
Les interférences linguistiques entre gascon et languedocien dans les parlers du Comminges et du Couserans. Essai d'aréologie systématique, Paris, Presses Universitaires de France, 1968, 375 p. + album de planches.
Manuel pratique de philologie romane, Paris, Picard, vol. I, 1970, 558 p. + 11 cartes ; vol. II, 1971, 643 p. + 14 cartes.
Nouvelle anthologie de la lyrique occitane du Moyen Age. Initiation à la langue et à la poésie des troubadours, Avignon, Aubanel, 1970, 331 p., 2e éd., 1972.
La Quista de l'Aute (poèmes occitans), Toulouse, I.E.O. (coll. « Messatges »), 1971, 41 p.
Manuel pratique d'occitan moderne, Paris, Picard, 1973, 219 p.
La lyrique française au Moyen Age (XIIe-XIIIe s.). Contribution à une typologie des genres poétiques médiévaux, vol. I : *Etudes*, Paris, Picard, 1977, 247 p. ; vol. II : *Textes*, 1978, 195 p.
Contes de l' Unic (proses occitanes), Toulouse, I.E.O. (A Tots/Per Noste), 1977, 227 p.
Anthologie de la prose occitane du Moyen Age, vol. I, Avignon, Aubanel, 1977.
Lo Hiu tibat. Racontes d'Alemanha (roman), Orthez-Toulouse, I.E.O. (coll. « Prosa »), 1978.
Sonets barròcs entà Iseut (poèmes occitans), Toulouse, I.E.O. (coll. « Messatges »), 1979.
Anthologie des troubadours, Paris, U.G.E. (coll. « 10/18 »), 1979 ; 2e éd., 1985, 442 p.
Sebastian (roman), Ed. Fédérop (coll. « Fédéroc »), Lyon, 1981.
Burlesque et obscénité chez les troubadours. Pour une approche du contre-texte médiéval, Paris, Stock/Moyen Age, 1984, 247 p.
Contes esquicats (proses occitanes), Orthez-Toulouse, I.E.O. (coll. « Pròsa gascona »), 1984.
Cant reiau (poèmes occitans), Toulouse, I.E.O. (coll. « Messatges »), 1985.
Anthologie de la prose occitane du Moyen Age (vol. II), Valdériés (éd. « Vent Terral »), 1987.
Arnaut de Carcassés, Las Novas del Papagai, éd. avec une introd., une traduction et des notes, Mussidan (éd. « Fédéroc »), 1988.
Vièles ou violes ? Variations philologiques et musicales autour des instruments à archet du Moyen Age, Paris (éd. Klincksieck), 1992.
Racontes d'ua mòrt tranquilla (proses occitanes), éd. Reclams (Escola Gaston Febus), 1993.
Pour un autre soleil... Le sonnet occitan des origines à nos jours. Une anthologie, Orléans (éd. « Paradigme »), 1994.

ISBN 2 13 039639 9

Dépôt légal — 1re édition : 1963
6e édition corrigée : 1995, janvier

© Presses Universitaires de France, 1963
108, boulevard Saint-Germain, 75006 Paris

Introduction

L'OCCITAN
LANGUE ETHNIQUE DE FRANCE

La coïncidence absolue d'un territoire national avec le domaine géographique naturel de sa langue officielle paraît à bien des gens une vérité élémentaire. On a même peine à concevoir que, dans un pays donné, d'autres langues, non moins valables, puissent côtoyer l'idiome national. Il y a là une sorte d'adéquation automatique et inconsciente entre les concepts de langue et de nation, particulièrement patente en France où des siècles d'excessive centralisation en ont fait un véritable truisme. Il n'y a rien de plus symptomatique à cet égard que le malaise, voire la hargne, éprouvés par le Français moyen voyageant en Bretagne, en Pays basque ou en Roussillon, lorsqu'il entend résonner, à sa grande surprise, une langue qui ne lui est pas familière.

Quelles sont donc ces langues de France, dont la spécificité a été parfaitement reconnue des spécialistes, mais dont l'existence sociale, culturelle et humaine s'est trouvée plus ou moins inhibée par les contingences historiques, l'ignorance ou les préjugés ? Quelles sont ces grandes régions ethno-linguistiques, ces *ethnies*, pour employer un terme qui tend de plus en plus à se répandre (1), et dont la coexistence reconnue pourrait constituer la composante française ?

— d'abord l'*ethnie française* proprement dite (2) ;
— la Bretagne celtique, avec ses prolongements outre-Manche ;
— le Pays basque, dont la langue (non indo-européenne) et la culture constituent un spécimen d'humanité foncièrement original ;
— l'Occitanie enfin, qui fait l'objet du présent volume et représente incontestablement, depuis le Moyen Age, le second versant de la culture romane en France.

---

(1) On parle ainsi de langues *ethniques*, ou *minoritaires*, ou *de moindre diffusion*, ou encore, tout récemment, de *langues endogènes*.
(2) Qui dépasse d'ailleurs nos frontières nationales puisqu'elle s'irradie jusqu'en Belgique et en Suisse.

Une mention à part doit être faite pour la Cerdagne et le Roussillon, proches parents de l'Occitanie, mais qui se rattachent à l'ethnie catalane d'outre-Pyrénées ; et pour les cas particuliers de la Corse, des Flandres et de l'Alsace-Lorraine, qui offrent des fragments d'ethnies italiques et germaniques intégrés à la France par des contingences diverses. Quel pays au monde peut se vanter d'abriter en son sein à la fois deux cultures romanes originales, une culture celtique et une culture non indo-européenne ?

Ces langues ont été parfois qualifiées de *minoritaires*. Mais, outre son imprécision et son caractère plutôt négatif, ce terme a pris une nuance péjorative depuis la campagne de presse menée, il y a une vingtaine d'années, contre la loi Deixonne (1) ; celui de *langue régionale* ne saurait non plus convenir comme trop restreint et cadrant mal avec les faits linguistiques. Nous proposerons donc le néologisme de *langue ethnique* qui a l'avantage d'être plus clair et moins chargé affectivement. La langue ethnique s'opposera donc à la fois à la langue nationale et aux dialectes, ceux-ci se définissant par rapport à une entité linguistique plus vaste ou bien encore à une langue de culture qui leur sert de parler directeur. Ainsi nous dirons que le français, l'anglais, l'espagnol, etc., sont des *langues nationales* ; que le breton, le basque, l'occitan, le catalan, le gallois, le frison, le sarde, etc., sont des *langues ethniques* (2) ; que le provençal ou le languedocien sont des *dialectes* occitans, le champenois et le normand des *dialectes* français ; que l'alsacien, le lorrain et le corse enfin sont des dialectes *allogènes*, les deux premiers germaniques et le troisième italique.

La langue d'oc ou occitan est donc une des *langues ethniques* de France. C'est la plus importante et la plus proche du français, puisque de même origine, et celle dont l'expression culturelle et humaine interfère le plus avec la culture nationale. Nous voulons l'examiner ici sous deux de ses aspects : d'abord, de l'extérieur, comme *objet de science*, dans les deux premiers chapitres du livre ; de l'intérieur ensuite, comme *objet de culture*, dans les deux chapitres suivants.

---

(1) Rappelons que cette loi permet, bien que d'une manière très parcimonieuse, l'enseignement des langues ethniques dans les trois degrés d'enseignement (cf. ci-après).
(2) Il est bien évident que la discrimination n'est claire qu'en fonction de contingences historiques données : une langue ethnique, par exemple, peut tendre à devenir langue nationale, comme c'est le cas du catalan ou de l'irlandais. Inversement, une langue nationale n'est souvent qu'une ancienne langue ethnique qui s'est imposée (cas du français).

CHAPITRE PREMIER

SPÉCIFICITÉ LINGUISTIQUE DU GALLO-ROMAN MÉRIDIONAL

I. — L'occitan et les langues romanes

La langue d'oc ou occitan représente, à côté du *catalan*, du *français*, du *francoprovençal*, du *castillan*, du *portugais*, de l'*italien*, du *sarde*, du *roumain*, du *rhéto-frioulan* et du *dalmate*, une des grandes langues romanes ou néo-latines qui se sont développées à partir d'une symbiose entre le latin populaire, importé par les soldats et les colons romains, et les structures linguistiques des idiomes primitifs parlés avant l'invasion latine. La classification des langues romanes a été très discutée et, comme toute classification, dépend des critères choisis. On est à peu près d'accord sur les grandes divisions : *balkano-roman*, *italo-roman*, *gallo-roman* et *ibéro-roman*, mais les discussions commencent quand il s'agit d'inscrire telle ou telle langue dans tel groupe plutôt que dans tel autre (1). On peut proposer, en tenant compte à la fois de la répartition

---

(1) D'une manière plus générale, on divise la Romania en deux grandes parties : la *Romania orientale*, avec le balkano-roman et l'italo-roman et la *Romania occidentale* qui comprend tout le reste. Le sarde et une partie du corse occupant, à l'intérieur de l'italo-roman, une place à part.

géographique, des substrats et d'autres critères, la classification suivante (1) :

A) ROMANIA OCCIDENTALE

I. Gallo-roman *(lato sensu)*.
  a) Gallo-roman « français » { français
       (ou d'oïl)   { francoprovençal
  b) Gallo-roman « occitan » { occitan classique
       (ou d'oc) ou occitano-   { gascon   } vers l'ibéro-roman
       roman   { catalan
  c) Gallo-roman « italien » { rhéto-frioulan
       (ou cisalpin)   { gallo-italien

II. Ibéro-roman *(stricto sensu)*.
  a) Espagnol.
  b) Portugais.

B) ROMANIA ORIENTALE

I. Italo-roman.
  a) Italien.
  b) Sarde.

II. Balkano-roman.
  a) Roumain.
  b) Dalmate (vers l'italo-roman) (2).

On notera la position intermédiaire de l'ancien dalmate qui annonce l'italo-roman, et du catalan (ainsi que le gascon), qui annonce l'ibéro-roman. Nous reparlerons plus loin du problème de l'appartenance linguistique du catalan. Quoi qu'il en soit, le groupe qui nous intéresse ici est le gallo-roman *stricto sensu*, c'est-à-dire l'ensemble des langues d'origine latine parlées sur le territoire de l'ancienne Gaule. Ce gallo-roman se divise à son tour en deux groupes principaux : 1º le *gallo-roman septentrional* ou *langue d'oïl* (3), avec ses différents

---

(1) Pour une classification plus détaillée, cf. notre *Manuel pratique de philologie romane*, II, p. 472-473.
(2) Le dernier représentant de cette langue, aujourd'hui disparue, le parler de l'île de Veglia *(vegliote)*, s'est éteint en 1898.
(3) Les désignations de *langue d'oc* et de *langue d'oïl* ont été données d'après le nom de la particule affirmative *(oui)* dans les deux langues. L'italien, de son côté, était la *lingua del si*.

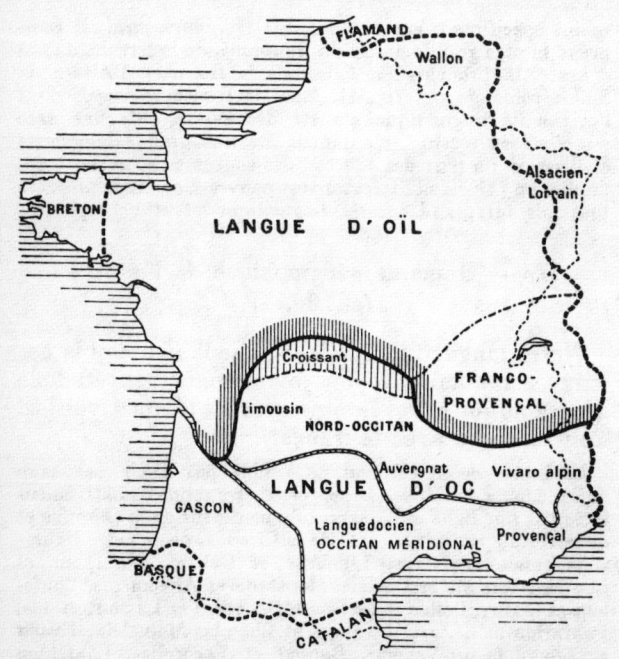

Fig. 1. — Les langues ethniques de France et les dialectes occitans

dialectes qui, au Moyen Age, jouissaient d'une égale fortune littéraire : le *normand* (avec Caen et Rouen comme centres), le *picard* (Amiens, Arras), le *wallon* (Liège), le *champenois* (Troyes, Reims), le *lorrain* (Metz), le *franc-comtois* (Besançon), le *bourguignon* (Dijon), le *saintongeais* (Saintes), le *poitevin* (Poitiers), l'*angevin* (Angers, Tours), le dialecte de l'Ile-de-France enfin ou *francien* qui, sous la forme spéciale où on le parlait à Paris, a supplanté les autres sur le plan littéraire et a fini, pour des raisons politiques, par s'imposer comme langue nationale ; 2° le *gallo-roman méridional* ou *langue d'oc*, qui constitue le sujet de la présente étude et dont nous examinerons plus loin les dialectes.

Il existe en réalité, comme le montre le tableau précédent, un troisième domaine linguistique, intermédiaire (mais néanmoins spécifique), appelé pour cela *francoprovençal*. Il comprend la plus grande partie du Dauphiné, de la Savoie, du val d'Aoste, la Franche-Comté jusqu'à la frontière d'Alsace, la Suisse romande (cf. fig. 1). Mais le francoprovençal, dont l'originalité linguistique n'a été découverte qu'à une date relativement récente, n'a jamais été une grande langue de civilisation : à part des chartes, des coutumes et autres actes publics ou privés, sa littérature est pauvre. Son étude présente toutefois un grand intérêt linguistique et ethnographique.

II. — Domaine géographique de l'occitan (cf. fig. 1)

Notre langue une fois située dans l'ensemble des langues romanes, voyons maintenant son étendue géographique et ses limites avec les idiomes voisins. Tout d'abord avec le français.

La limite oc/oïl (1), qui ne semble pas avoir beaucoup varié depuis le Moyen Age, peut être approximativement fixée par une ligne qui, partant du confluent de la Garonne et de la Dordogne, suit le cours de la Gironde, passe entre Bourg-sur-Gironde et Blaye, Libourne et Guitres, Montpont et Coutras, Ribérac et Chalais, Montbron et Angoulême, Confolens et Civray, Bellac et Le Dorat, Bénévent et La Souterraine, Pontarion et Guéret, Jarnages et Châtelus-Malvaleix, Evaux et Chambon-sur-Voueize, Gannat et Escurolles, Chateldon et Cusset. Chateldon forme la pointe de l'enclave francoprovençale : à partir de là, notre limite, qui sépare désormais l'occitan du francoprov., descend vers le sud entre Roanne et Thiers, laisse à gauche Saint-Etienne, coupe le Rhône au-dessus de Valence, passe au-dessous de Grenoble et va rejoindre la frontière italienne où elle se confond à peu près, exception faite de quelques villages piémontais qui parlent provençal, avec la frontière politique jusqu'à la Méditerranée. Les villes importantes qui bordent, d'une façon plus ou moins immédiate, la frontière linguistique, sont donc, du côté occitan : Bordeaux, Périgueux, Limoges, Clermont-Ferrand, Le Puy, Valence, Die, Briançon ; et du côté français ou

---

(1) Les limites données ici sont celles de Ronjat. Elles reposent sur certains critères discriminatifs, non exhaustifs mais fondamentaux, dont nous parlerons plus loin. Il va sans dire que des études récentes ont permis plus de précision dans les détails.

francoprovençal : Angoulême, Poitiers, Châteauroux, Moulins, Saint-Étienne, Vienne et Grenoble. En somme, une vaste courbe englobant les montagnes et plateaux du Limousin, les massifs auvergnats et les montagnes du Dauphiné, avec deux inflexions : à l'ouest, dans les plaines du Poitou et de la Saintonge ; à l'est, dans la vallée du Rhône. Il est bien évident que cette limite n'est pas tranchée au couteau et qu'il y a naturellement une aire interférentielle présentant des traits intermédiaires. Cette zone appelée *croissant* (cf. fig. 1) et comprenant des parties des provinces d'Angoumois, Poitou, Limousin, Berry, Marche, Auvergne et Bourbonnais, pouvait contenir, il y a une trentaine d'années, d'après Ronjat, 350 000 âmes.

Avec le francoprovençal, la limite de la langue d'oc se présente, plus précisément, de la manière suivante :

A partir de Chateldon, elle passe entre Saint-Rémy-sur-Durolle et Noirétable, Saint-Anthème et Montbrison, Saint-Bonnet-le-Château et Saint-Rambert, Saint-Didier-la-Séauve et Le Chambon-Feugerolles, Bourg-Argental et Saint-Genest-Malifaux, Annonay et Serrières, Tain et Saint-Vallier, Chabeuil et Bourg-de-Péage, Saint-Jean-en-Royans et Pont-en-Royans, coupe le Vercors en deux, passe entre Le Monestier-de-Clermont et Vif, La Mure et Laffrey, Valbonnais et Bourg-d'Oisans, laissant à l'occitan le Haut-Oisans, Oulx, Pragelas et Fenestrelle (ces trois dernières localités en territoire italien).

Avec les *parlers italiens*, la limite de la langue d'oc ne coïncide pas tout à fait avec la frontière politique. En effet, de Fenestrelle (Italie) au col de Tende, cette limite laisse au provençal toutes les hautes vallées des Alpes et les dernières localités provençales en aval sont souvent très près de la plaine piémontaise. Sont occitans : toute la vallée du Cluson, San Germano, le val Saint-Martin, Angrogna, Torre Pellice, Oncino, Saint-Peire, Elva, Castelmagno, Demonte, Entracque, Vinadio (1). Du col de Tende à la Méditerranée, la limite suit approximativement la frontière politique, mais les parlers piémontais mordent en territoire français (Tende, Saorge, Breil et Sospel ont des parlers hybrides). Réciproquement,

---

(1) Il est bien entendu que l'italianisation des noms de localités recouvre des formes occitanes originales, par exemple : Entracque pour *Entraigas*, Vinadio pour *Vinai*, Ulzio pour *Oulx*, etc. Mais l'italianisation de l'occitan se fait surtout au profit du piémontais et son début a coïncidé avec l'industrialisation de l'économie piémontaise. D'après des enquêtes récentes, le piémontais l'aurait définitivement emporté à Bourg-Saint-Dalmace, Saint-Peire, Demonte, Fenestrelle.

Limone, de l'autre côté du col de Tende, est encore en partie provençal. Il s'agit là sans doute d'une zone interférentielle naturelle renforcée par une forte influence piémontaise. Au bord de la Méditerranée, la limite est mieux tranchée : Vintimille et Bordighera parlent nettement l'italien de Ligurie.

Avec l'*aragonais* et le *catalan*, en allant du pic d'Anie (pointe extrême de la limite basque/gascon) au col de Puymaurens (pointe extrême de la limite languedocien/catalan), la frontière sud de notre langue coïncide avec la ligne de faîte des Pyrénées et, à l'exception du val d'Aran, avec la frontière politique entre la France et l'Espagne. Quant au val d'Aran, rattaché tout naturellement, par les impératifs historiques et géographiques, au reste de la haute vallée de la Garonne, il forme un petit quadrilatère orographique nettement séparé des pays catalans et parlant le même gascon qu'en Comminges.

Plus à l'est, à partir du col de Puymaurens, les limites avec le catalan sont moins tranchées : la haute Ariège, le Capcir, le Donesan et le Fenouillet offrant en effet un terrain d'interférences où se mêlent les traits languedociens et catalans. Comme il s'agit d'autre part de deux langues extrêmement voisines, la délimitation est souvent plus ou moins arbitraire. De toute façon, les dernières localités catalanes sont, au nord : Porté, Riutort, Formiguères (au parler assez hybride), Odeillo-près-Puigvalador, Mosset, Molitg, Eus-et-Comes, Arboussols, Vinça, Rodès, Ille, Neffiach, Montner, Estagel, Tautavel, Opoul et Salses.

Avec le domaine *basque* la limite est encore plus indécise. Elle ne suit que sur une faible partie de son parcours une limite naturelle (cours d'eau ou crête de montagnes) ; elle est loin d'autre part de coïncider partout avec l'ancienne frontière administrative entre les provinces basques d'un côté, Bayonne et le Béarn de l'autre. Elle va de l'océan à l'Adour entre Biarritz et Bidart, Anglet et Bassussary ; de là, elle suit le cours de l'Adour jusqu'au nord-ouest d'Urcuit, qui est en domaine basque, passe entre Bardos (basque) et Urt, Guiche et Bidache (gascon), laisse curieusement au gascon La Bastide-de-Clairence (village en réalité bilingue où le basque gagne du terrain), entourée par les communes basques de Bardos, Hasparren, Ayherre, Isturits, Orègue. La plus grande partie des landes de Mixe est basque. De là, la limite suit un axe orienté N.-O./S.-E., passant entre **Viellenave** et **Ilharre**, Osserain et Arbouet, Rive-Haute et Etcharri, Charre et Charritte-de-Bas, Sus et Angous, Prechacq et L'Hôpital-Saint-Blaise, Moumour et Esquiule ; enfin une ligne sinueuse orientée nord-sud passe entre Féas et Barcus, Montory et Tardets et suit, du pic d'Igounce au pic d'Anie, la ligne de

10

faîte qui sépare les vallées béarnaises du Vert-de-Barlanès, du Vert-d'Arette et du Lourdios des vallées basques de Saison et d'Uhaytea.

Il reste maintenant à dire un mot : 1º Sur les colonies occitanes situées en dehors des précédentes limites ; 2º Sur les enclaves d'une autre langue à l'intérieur de notre domaine linguistique.

1º Guardia Piemontese, en Calabre, province de Cosenza, est une colonie provençale qui ne paraît pas remonter au-delà de 1400. D'autres parlers provençaux étaient encore en usage, au début du siècle chez quelques descendants des Vaudois, chassés de la vallée du Cluson et réfugiés à la fin du XVIIe siècle dans le duché de Württemberg. Le village de Saint-Eutrope enfin (départ. Charente, entre Ribérac et Angoulême) forme une enclave limousine en domaine français.

2º Réciproquement, voici quelques cas d'enclaves italiennes en territoire occitan. A Monaco, **une vingtaine** d'âmes parlent **encore** un langage très proche de celui de Vintimille, survivance probable d'une colonie ligurienne établie au XIe siècle ; Biot et Vallauris, aux environs d'Antibes, Mons et Escragnoles, à l'ouest de Grasse, sont des colonies liguriennes appelées en terre provençale pour repeupler, aux XVe et XVIe siècles, des villages victimes de la peste ou de la guerre civile. Les trois parlers italiques de ces localités, en voie de disparition totale, sont confondus par les Provençaux sous l'appellation commune de *figoun*. Une enclave française enfin, en territoire gascon : celle de *La Petite-Gavacherie* ou *Gavacherie-de-Montségur*, établissement français dont le plus ancien remonte à 1456. Les colons, qui venaient de la Saintonge et du Poitou, y ont conservé leur dialecte d'oïl, plus ou moins contaminé d'ailleurs, au contact du gascon. *La Petite-Gavacherie* comprend une quarantaine de paroisses entre Garonne et Dordogne.

Le territoire qui vient d'être délimité, en se fondant sur des critères linguistiques précis et le fait social de l'*intercompréhension*, comprend environ un tiers de la France, la principauté de Monaco sauf les quartiers liguriens de sa capitale, une faible partie de l'Italie et un petit coin d'Espagne. En France, il englobe les départements suivants : Basses-Pyrénées (sauf le Pays basque), Hautes-Pyrénées, Gers, Landes ; Gironde et Lot-et-Garonne (à l'exception de La Grande et de La Petite-Gavacherie) ; Tarn-et-Garonne, Haute-Garonne, Ariège ; une faible partie des Pyrénées-Orientales ; Aude, Hérault, Tarn, Aveyron, Lot ; Dordogne (sauf quelques communes de l'ouest) ; Corrèze ; Haute-Vienne (sauf extrême nord) ; une partie de la Charente ; plus de la moitié de la Creuse ; Puy-de-Dôme (sauf quelques communes du nord-ouest) ; quelques communes de l'Allier autour de Gannat ; un petit coin sud-ouest de la Loire, autour de Saint-Bonnet-le-Château ; Cantal, Haute-Loire, Lozère, Gard ; Ardèche (sauf un petit coin nord) ; le sud-est de l'Isère ; Drôme (sauf le nord du département) ; Hautes-Alpes, Basses-Alpes, Vaucluse, Bouches-du-Rhône, Var, Alpes-Maritimes (sauf les colonies liguriennes vues ci-dessus). Soit, pour ce qui est des anciennes provinces, le Béarn proprement dit, la Gascogne, la presque totalité de la Guyenne, du Périgord et du Limousin, un peu de l'Angoumois, plus de la moitié de la Marche, presque toute l'Auvergne, un peu du Bourbonnais et du Forez, le pays de Foix, un peu du Roussillon, presque tout le Languedoc, un tiers environ (en population) du Dauphiné et, sauf des enclaves insignifiantes, toute la Provence avec le Niçard et le Comtat.

Il y a une trentaine d'années, Ronjat évaluait à dix millions environ le nombre de Français parlant ou connaissant l'occitan ; Anglade, à douze ou quatorze millions. De toute façon, il faut tenir compte aujourd'hui, d'une part, de l'augmentation de la population et, d'autre part, d'une certaine désoccitanisation des villes de moyenne importance. On peut donc fixer en gros à une douzaine de millions les gens qui, s'ils ne parlent pas coutumièrement la langue d'oc, en sont du moins assez imprégnés pour la comprendre aisément et la réapprendre dans un minimum de temps : soit le quart de la population française pour une superficie équivalant approximativement au tiers du territoire national. Jules Ronjat faisait d'autre part remarquer que ce rapport est plus grand que celui de la Suisse romande dans l'ensemble de la Suisse ; que l'effectif des occitanophones n'est pas loin de l'effectif roumain et le dépasserait de beaucoup si l'on considérait l'ensemble occitano-roman (avec le catalan) sur lequel nous reviendrons plus loin.

III. — La bi-partition linguistique du gallo-roman : essai d'explication

Comment expliquer cette scission du domaine gallo-roman ? Il est certain, en premier lieu, que la structure géographique du Midi a favorisé la fixation et la stabilité des populations. Il est en effet patent que ce qui caractérise avant tout les pays d'oc, c'est une ossature montagneuse particulièrement marquée, avec les trois refuges quasi inexpugnables des Pyrénées, du Massif central et des Alpes. Les points où la limite oc/oïl descend le plus bas correspondent effectivement à des terrains où les possibilités de pénétration vers le sud ont été plus grandes : plaines du Poitou et de la Saintonge vers l'Aquitaine, vallée du Rhône vers la Provence. Cette structure orographique si spécifique, contrastant avec les grandes plaines des pays d'oïl, a pu être la cause d'une certaine fixité des populations ; et cette relative permanence aurait eu pour conséquence, du point de vue linguistique, d'une part, ce qu'on pourrait appeler l'*archaïsme en puissance* du gallo-roman méridional et, d'autre part, les *facilités évolutives* du gallo-roman septentrional. Mais il est toujours malaisé, dans la détermination d'un fait historique quelconque, de discriminer causes et conséquences et de ne pas expliquer, bien souvent, celles-ci par celles-là. L'ossature montagneuse de l'Occitanie a incontestablement joué un rôle, dans ce sens qu'elle a favorisé, mieux que dans le Nord, la permanence des races préhistoriques et protohistoriques qui ont continué, malgré les infiltrations étrangères, à constituer l'élément fondamental des populations. Mais elle n'a pas été déterminante à elle seule. La meilleure preuve en est, par exemple, que les Alpes et la vallée du Rhône se partagent. sans raisons géographiques apparentes, entre le domaine occitan et celui du francoprovençal ; que les Alpes occidentales, qui séparent la France de l'Italie, du mont Rosa au col de Tende, ne forment pas, nous l'avons vu, une frontière linguistique, puisque les hautes vallées du versant oriental italien ont des dialectes occitans ou francoprovençaux. Il semble donc bien que la structure montagneuse de l'Occitanie ait plutôt agi indirectement, c'est-à-dire dans la mesure où elle a conditionné la répartition des impératifs ethniques qui eux, pouvant d'ailleurs agir en parfaite indépendance, ont été particulièrement déterminants.

Examinons donc maintenant rapidement les différents peuples qui se sont succédé dans cette partie méridionale de la Gaule qui devait devenir l'Occitanie.

Dès la fin de l'époque néolithique et à celle du bronze, un peuple pyrénéen possède une culture spécifique des deux côtés des Pyrénées, qui correspond à la civilisation mégalithique dont les Basques actuels seraient les derniers représentants. Ses manifestations dépassent les Pyrénées, puisqu'elles s'étendent jusqu'au Massif central et, au-delà du Rhône, jusqu'aux Alpes-Maritimes. Les envahisseurs venus d'Afrique et d'Asie ont pu s'y mélanger, mais sans arriver à modifier profondément ce premier fonds racial. Parmi ces derniers, on peut citer les *Ligures*, d'origine mal connue qui, vers le second millénaire avant le Christ, occupaient l'Europe occidentale pour se cantonner plus tard dans les Alpes de Provence ; les premiers *Celtes* qui, près de 1100 ans après, s'infiltrent dans les futurs pays occitans et y apportent la culture halstattienne du fer ; les *Ibères* qui, vers l'an 500 avant J.-C., venus d'Espagne et d'Afrique, cheminent le long du littoral méditerranéen ; les *Grecs* enfin qui, du VIe au IIIe siècle avant J.-C., avec la fondation de Marseille et de nombreux comptoirs commerciaux le long des côtes méditerranéennes, apportent leur brillante civilisation.

A partir du Ve siècle avant l'ère chrétienne, une nouvelle invasion celtique, celle des *Gaulois*, apparaît dans les régions occitanes qui participèrent ainsi, dans une certaine mesure, à la civilisation de

La Tène, civilisation qui correspond vraiment à l'extension maxima de l'influence gauloise. Mais cette civilisation n'atteint pas les régions situées au sud et à l'ouest de la Garonne, c'est-à-dire l'Aquitaine. Il faut en effet attendre le IVe siècle pour voir s'installer de véritables nations gauloises jusque sur les bords de la Garonne. La vague celtique, d'autre part, d'une manière générale, et contrairement à ce qui s'est produit dans le Nord, ne semble pas avoir été très profonde en pays d'oc, surtout dans le sud : les Gaulois n'y ayant exercé qu'une influence surtout politique.

Après la conquête romaine, l'intense romanisation de la *Provincia* accuse l'originalité ethno-linguistique du Midi de la Gaule (Languedoc et Provence), renforçant la communauté de civilisation entre la future Occitanie et la Catalogne ibérique. De nouvelles caractéristiques vont s'ajouter aux anciennes pour différencier l'une de l'autre les deux moitiés de la Gaule. Au Ve siècle après l'ère chrétienne enfin, à l'époque des grandes invasions, la fondation d'un Etat wisigothique dans le Sud-Ouest accentue cette différenciation en rapprochant encore davantage les provinces du Midi des terres hispaniques, fortifiant ainsi la communauté de culture de la Narbonnaise et de la Tarraconaise.

Avec l'arrivée des Germains cependant, il ne s'agit plus de *substrats*, c'est-à-dire de la survivance, dans le roman, d'habitudes linguistiques (en particulier articulatoires) héritées des peuples antérieurs à la romanisation. On a maintenant affaire à un *superstrat* : la romanisation une fois achevée, les différents envahisseurs germaniques vont en effet imposer des structures linguistiques et des bases articulatoires nouvelles qui vont modifier dans un sens ou dans l'autre le gallo-roman naissant.

Tout le problème réside donc maintenant dans le fait de savoir laquelle des deux influences a été prédominante : celle des *substrats* ou celle des *superstrats*. Chacune de ces deux théories a ses tenants. Pour Auguste Brun, la limite entre les parlers d'oc et les parlers d'oïl s'expliquerait essentiellement par des conditions préhistoriques de peuplement. Il serait vain, d'après lui, comme l'a fait W. von Wartburg (cf. ci-après), de rattacher l'opposition oc/oïl aux invasions germaniques des IVe et Ve siècles ; vain aussi de l'expliquer par une romanisation plus intense du Midi. L'apport gaulois, d'autre part, n'a modifié le peuplement de notre pays que dans le nord, l'est, le centre, *Celtica-Belgica*. Le Bassin aquitain, le Languedoc, la Provence, les Alpes ont été certes plus ou moins soumis à l'autorité politique des Gaulois, mais les éléments antérieurement fixés, Ibères, Ligures ou autres, n'ont pas cessé de prévaloir.

La dualité ethnique est donc instituée dès la préhistoire : la venue et la répartition des Gaulois ne feront que l'accuser. La plus grande partie des pays d'oïl est habitée par les descendants des brachycéphales néolithiques, et par les dolichocéphales à haute stature, provenant de l'Europe centrale. Il n'en est pas de même des pays d'oc. Le Sud-Ouest est habité de façon très intense, dès le Paléolithique, par un peuplement dolichocéphale, de taille petite ou moyenne. Cette couche primitive se perpétuera tout au long de la préhistoire, modifiée par divers apports, migrations provenant d'Espagne et, par l'Espagne, de l'Afrique.

Et Auguste Brun fait remarquer que « les occupants du Midi ont des attaches plus anciennes — millénaires — avec le sol que les occupants du Nord. La carte du peuplement méridional est stabilisée dès l'âge du bronze... Il n'en est pas de même au Nord, où la carte néolithique a subi des remaniements du fait des Gaulois. Les renouvellements ethniques sont des phénomènes du Nord, plus que du Midi. Et par suite l'esprit d'innovation ». Le conservatisme invétéré, congénital, du Midi a eu de son côté son expression linguistique : le roman d'Italie, le roman d'Espagne, le roman d'Occitanie sont restés plus proches du latin que le roman de la *Celtica* et de la *Belgica*.

Aux antipodes de cette dernière, la théorie des *superstrats* germaniques, nous l'avons vu, a été défendue avec une particulière compétence par le linguiste suisse Walther von Wartburg pour qui le gallo-roman naissant, avant les grandes invasions, aurait été sensiblement le même au nord et au sud. C'est essentiellement un superstrat germanique, en particulier celui des Francs dans le Nord et celui des Burgondes dans les pays actuellement francoprovençaux, qui aurait provoqué cette importante scission dans le roman de l'ancienne Gaule (l'influence des Wisigoths ayant été beaucoup moins importante). On sait en effet que le germanique et le roman coexistent pendant plusieurs siècles en Gaule du Nord, depuis l'époque de Clovis jusqu'au moins le IXe siècle, et plus tard encore dans certaines régions. Il y eut donc un véritable bilinguisme, celui des classes distinguées surtout, qui amena un parallélisme constant entre deux rythmes linguistiques, deux systèmes articulatoires et phonologiques, deux lexiques qui se compénètrent. Et lorsque le germanique disparut des pays d'oïl, il laissa néanmoins dans le roman des royaumes franc et burgonde de si importantes traces qu'elles consommèrent sa rupture définitive avec le roman des pays occitans et ibériques.

Cette influence germanique se manifesta tout particulièrement dans la diphtongaison. On verra plus loin qu'un des facteurs importants de discrimination entre le français et les autres langues romanes occidentales est le traitement des voyelles libres et entravées qui, en occitan comme en ibéro-roman, subissent la même évolution. Seul, dans la *Romania occidentale*, le français différencie les voyelles des syllabes libres de celles des syllabes entravées. Cette différenciation vocalique *qualitative*, qui repose très probablement sur une différenciation *quantitative*, serait manifestement due, selon W. von Wartburg, à une influence franque. On sait en effet que les Germains distinguaient avec une grande netteté les voyelles longues des brèves. La langue des envahisseurs francs renforça donc un *bouleversement quantitatif* qui tendait spontanément à se développer dès le IVe siècle, allongeant d'une manière intense les voyelles en syllabe ouverte. C'est cet allongement qui, par suite d'une diminution de tension articulatoire, va provoquer la diphtongaison française. Il est en effet notable que ces phénomènes phonétiques se sont réalisés, d'une part à partir du Ve-VIe siècle, d'autre part, et essentiellement, à l'intérieur de l'espace géographique occupé par les Francs et les Burgondes (1). Au sud de la ligne oc/oïl, au contraire, après la chute du royaume wisigothique (507), l'influence franque n'eut qu'un caractère politique et ne changea pas les habitudes populaires. A ces considérations de caractère phonétique, on peut ajouter le fait que le lexique d'origine

---

(1) Les parlers francoprovençaux, qui correspondent approximativement à l'ancien territoire peuplé par les Burgondes, offrent un état intermédiaire. Les parlers du Poitou et de la Saintonge offraient eux aussi, du moins à l'origine, un caractère plus méridional.

franque s'arrête lui aussi, assez souvent, à la même ligne.

Il n'est pas de notre propos de choisir ici tel ou tel chef d'explication. Il nous semble incontestable, de toute façon, qu'une justification exhaustive de notre limite linguistique doive tenir compte à la fois des *substrats* et des *superstrats*. Il est certain que l'invasion franque a joué un rôle de première importance, mais cette invasion elle-même a été conditionnée par les facilités de pénétration de la Gaule septentrionale auxquelles nous faisions allusion plus haut. Il est indéniable d'autre part que la structure orographique des pays d'oc, la fixité de leurs races préhistoriques et protohistoriques, leur moindre celtisation et, pour certains d'entre eux, une plus grande romanisation, l'action des divers substrats enfin (ligures, ibères ou aquitano-pyrénéens) avaient déjà donné au latin populaire méridional, avant les invasions germaniques, une certaine spécificité qui tendait à le différencier de ce qui allait devenir le gallo-roman septentrional (1). Le superstrat germanique ne fera donc que renforcer une différenciation déjà latente. Il y a là, comme dans toute causalité, un véritable complexe de facteurs plus ou moins impératifs dont il est difficile d'établir la hiérarchie.

Tout récemment, le romaniste allemand Bodo Müller, dans une remarquable synthèse sur cette question si controversée (2), a proposé de nouvelles

---

(1) Le superstrat germanique, par exemple, n'a certainement joué aucun rôle direct dans des faits de palatalisation qui affectent principalement le Nord, et partiellement le Midi, tels que : *ca > cha* ; *ga > ja* (ex. CANTARE > *chanter, chantar* ; *GAUDIRE > jouir, jausir*). On peut dire tout au plus, négativement, qu'il les a freinés, dans les régions à fort superstrat (Picardie, Normandie) : cf. ci-après.

(2) Cf. La bi-partition linguistique de la France (mise au point de l'état des recherches), in *Rev. Ling. Rom.* t. 35, 1971, p. 17-30.

perspectives de recherches. On sait que les frontières humaines, et partant linguistiques, peuvent souvent se définir négativement, comme des *marches séparantes*, c'est-à-dire de *no man's land* ou « déserts humains » (région de brandes et de marais par exemple), rebelles à toute colonisation. Un exemple significatif en l'occurrence serait offert par la région entre Loire et Garonne, dont nous savons qu'elle n'était que peu habitée dans l'Antiquité : les expéditions des armées romaines, à l'époque de César, ne la touchèrent jamais, et les géographes anciens font remarquer l'absence d'*oppida* et de cités romaines sur une bande assez large au sud de la Loire. Ainsi, « lorsque Auguste, peu avant le commencement de notre ère, organisa l'administration de la Gaule, il déplaça les frontières de la vieille Aquitaine, de la Garonne à cette ligne... Il n'est pas étonnant que trois siècles plus tard, sous Dioclétien et Constantin, la frontière administrative ait été confirmée sur la Loire. Lors de la nouvelle division de l'Empire en préfectures, diocèses et provinces, toute la Gaule fut scindée en deux diocèses, dont l'un, la *Diocesis Viennensis*, correspond à peu près à l'ancien pays d'oc : la frontière suit la Loire, contourne le Massif central entre la Loire et l'Allier, et traverse le Rhône entre Lyon et Vienne. *C'est donc un fait qu'une ligne de démarcation avait existé 500 ans déjà avant l'arrivée des Francs* » (c'est nous qui soulignons).

De part et d'autre de cette ligne de démarcation se seraient produites, dès l'origine, deux vagues différenciatrices de romanisation : « le Midi jusqu'à la zone de la Loire garde ou reçoit à l'Ouest, par l'intermédiaire du bassin de la Garonne, un latin plus archaïque ; le Nord reçoit, d'abord par l'intermédiaire de Lyon, plus tard par l'intermédiaire d'un centre plus septentrional, un latin plus progressif. Les deux vagues se contactent enfin, assez tard, sur les bords de la Loire. » Ainsi donc, le double superstrat des Francs, mais aussi des Wisigoths (qui par leur extension jusqu'en Espagne orientèrent vers le Sud des régions marginales comme le Poitou, la Saintonge et l'Angoumois), pour important qu'il fût, n'aurait fait que préciser une ségrégation antérieure. Quant à la question des substrats, *a fortiori* des sub-substrats, elle ne devrait être maniée qu'avec une grande prudence et ne saurait jamais être exclusivement déterminante.

Aux critères phonétiques d'ailleurs, les plus habituellement invoqués, il faudrait ajouter aussi ceux du lexique. Des études sur l'ensemble du gallo-roman sont actuellement en cours dans ce sens. Ce qui est notoire, c'est que l'occitan possède par exemple quelque 550 mots hérités du latin qui n'existent ni dans les parlers d'oïl ni en franco-provençal. Ces types lexicaux, au surplus, se distinguent à la fois par leur caractère archaïque et classique, et par leurs affinités avec le vocabulaire ibéro-roman. C'est donc, d'après M. Müller, dans une nouvelle direction que devrait s'orienter la recherche future, en vertu d'un postulat désormais mieux fondé : « La bi-partition linguistique de la France commence avec la romanisation même. »

Quoi qu'il en soit, sous les Carolingiens, la spécificité « méridionale » de l'occitan est sans doute déjà très nette. Et lorsque les colonies hispaniques, fuyant l'invasion arabe, viennent s'établir en Languedoc, lorsque les Languedociens à leur tour participent en grande partie à la *reconquista* de la Catalogne, il y a sans doute, de part et d'autre, le sentiment d'une même communauté ethnique et linguistique. La dualité du gallo-roman est désormais consommée. Et le déroulement de l'histoire à partir du haut Moyen Age n'a pu que renforcer, sans les modifier substantiellement, les influences primitives. L'histoire féodale en effet, dans ses mille détails, ne semble pas avoir foncièrement changé les grandes limites linguistiques que substrats et superstrats avaient déterminées depuis les origines. Les fluctuations de l'histoire médiévale et le puzzle territorial qui en a été la conséquence n'ont pas été déterminants en ce qui concerne d'éventuelles modifications en profondeur des traits essentiels de la division linguistique ; c'est plutôt dans le sens d'une ségrégation dialectale intra-occitane que ces facteurs pourront jouer.

Dès l'époque carolingienne, les provinces occitanes tendent de plus en plus à une vie autonome. Sous l'impulsion de leurs dynasties féodales, les grandes régions méridionales : l'Aquitaine, le Languedoc, la Provence, la Catalogne se forgent une vie indépendante. Les comtes de Toulouse imposent leur autorité de la Provence à l'Agenais, de l'Auvergne au pays de Foix. A la même période, les comtes de Barcelone, plus tard rois d'Aragon, étendent la leur de la Catalogne ibérique aux provinces occitanes : en 1067, ils pénètrent dans le comté de Carcassonne ; en 1112, dans le comté de Provence et dans les vicomtés de Millau et de Gévaudan ; enfin, à la veille de la croisade albigeoise, ils deviennent seigneurs de Montpellier. Les rois de France n'ont sur le pays d'oc et la Catalogne qu'une souveraineté nominale, sans efficacité pratique. Un état occitano-catalan est maintenant virtuel : son destin se joue parallèlement à Toulouse et à Barcelone.

IV. — Spécificité linguistique de l'occitan

Après avoir examiné les différents impératifs géographiques, ethniques et historiques qui ont déterminé, depuis longtemps, la bi-partition du gallo-roman et présidé à la genèse de notre langue, nous voulons essayer maintenant de la caractériser de l'intérieur et de la poser, face aux autres langues romanes limitrophes, dans sa spécificité linguistique. Ronjat a fait porter sa caractérisation sur 19 traits convenablement choisis : onze phonétiques, cinq morphologiques, un syntaxique et deux lexicaux (1).

1. Absence ou tout au moins rareté des voyelles fermées [a, o, $ö$] (fpr., fr.) ; type franç. : *pâte*, *rose*, *yeuse*. Ces voyelles peuvent se présenter en occitan mais elles n'y jouent, en général, aucun rôle phonologique. On sait que le Méridional parlant français ouvre spontanément ces voyelles, ce qui est une des caractéristiques les plus saillantes de son *accent*.

2. Présence de la voyelle [$ü$] (cat., esp.). La palatalisation de *u* latin en [$ü$] (ex. : *LUNA* > occ. *luna*, fr. *lune*) est un trait général de l'ensemble du gallo-roman qu'il a en commun avec les idiomes rhétiques et les dialectes de l'Italie du Nord. Certains linguistes y ont vu une influence celtique (Dauzat, von Wartburg), d'autres l'ont niée (Fouché). Quoique cette palatalisation soit aujourd'hui généralisée dans tous les parlers occitans, certains indices laissent penser qu'elle s'est effectuée par paliers, dans certaines positions d'abord, et qu'elle a sans

---

(1) Les abréviations entre parenthèses (cat., esp., fpr., fr., it. = catalan, espagnol, francoprovençal, français, italien) indiquent qu'un trait est étranger à un ou plusieurs des groupes linguistiques voisins.

doute été plus tardive que dans le Nord, surtout en Aquitaine (cf. ci-après).

3. Voyelles nasales conservant très généralement le timbre de la voyelle orale correspondante (fpr., fr.). La nasalité de la voyelle n'est que partielle et toujours suivie d'une résonance consonantique. Prenons par exemple la prononciation méridionale des mots français : *banc, bon, pain, brun*. C'est là encore un trait particulièrement caractéristique de l'*accent du Midi*.

4. Diphtongaison des voyelles latines $\breve{e}$, $\breve{o}$, uniquement *conditionnée* par la séquence d'un *yod* ou d'un [*w*] (esp., fpr., fr., it.). Ex. : *VĔTŬLU* > *vielh* ; *LĔCTU* > *lieit/liech* ; *MĔLIUS* > *mielhs* ; *DĔU* > *dieu* ; *ŎCTO* > *ueit/uech/uòch* ; *NŎCTE* > *nueit/nuech/nuòch* ; *ŎCŬLU* > *uelh/uòlh* ; *BŎVE* > *buòu* ; **ŎVU* > *uòu* ; *FŎCU* > *fowgu* > *fuòc*. Dans tous les autres cas, les voyelles du latin vulgaire sont solidement conservées : $\breve{e}$ > $\grave{e}$ (è ouvert du fr. *tête*), $\breve{o}$ > $\grave{o}$ (o ouvert du fr. *botte*). Ex. : *DĔ-CEM* > *dètz* ; **CĔLU* (classique *CAELUM*) > *cèl* ; *CULTELLU* > *cotèl* ; *MĔL* > *mèl* ; *CŎR* > *còr* ; *RŎTA* > *ròda* ; *ŎPĔRA* > *òbra* ; *PŎRTA* > *pòrta*. Du point de vue vocalique, l'occitan est une langue romane très conservatrice (1). Par cet aspect, il s'oppose radicalement, comme nous l'avons fait remarquer plus haut, au français qui, sous une influence probablement germanique, a considérablement allongé, puis diphtongué, ses voyelles en position libre.

(1) La tendance diphtongante de o ouvert *(pórc > pwòrc/pwarc)*, que l'on peut observer dans une assez grande partie du domaine, est indépendante de la diphtongaison romane et semble relativement récente : elle est toutefois attestée dès le XVIe siècle.

5. Pas de diphtongaison des voyelles du latin vulgaire [ẹ, ọ] fermées = latin classique ē, ĭ ; ō, ŭ (fpr., fr., it. dialectal). Même remarque que pour 4. Ex. : *TRĒS* > *trẹs* ; *DEBĒRE* > *devẹr* ; *FĪDE* > *fẹ* ; *DOLORE* > vx. *dolọr* (mod. [dulur]) ; *PAS-TŌRE* > *pastọr* > [pastur] ; *FLŌRE* > *flọr* > [flur] (cf. fr. *trois, devoir, foi, douleur, pasteur, fleur*).

6. Fermeture jusqu'à [u] de latin vulgaire [ọ] (cat., esp., fpr., fr., it.). Ex. : *DOLORE* > vx. *dolọr* > mod. [dulur] ; *FLORE* > vx. *flọr* > [flur]. Cette fermeture, qui a dû se généraliser en occitan au cours du XIVe siècle, atteint également une partie importante du catalan de France.

7. Maintien, hors cas particuliers, de *a* accentué latin (fr.), quelles que soient les précessions (fpr.). Ex. : *PRATU* > *prat*, *CAPRA* > *cabra/chabra* ; fr. *pré*, vx. fr. *chievre* > *chèvre* ; fpr. *pra, chievre*. L'occitan s'oppose donc, là encore, au français ; le fpr., qui palatalise le *a* seulement derrière palatale *(CAPRA > chievre)* occupe donc une position intermédiaire. Pour la palatalisation conditionnée de *a* + *yod* en gascon et en ibéro-roman (cf. ci-après).

8. Solidité du -*a* final atone (quelle que soit sa prononciation actuelle), passé à ə en français, puis amuï. Ex. : *CATENA* > *cadena* ; *PORTA* > *porta* (fr. *chaîne, porte*, phon. šèn, pòrt). D'où fréquence en occitan des *paroxytons* (mots accentués sur l'avant-dernière syllabe), et rythme nettement « méridional » de la phrase occitane, s'opposant au français qui a perdu tout accent de mot (autre qu'expressif) et ne connaît plus qu'un accent de phrase. Dans le même sens va la variété des autres voyelles finales atones : [-*e*, -*u*, -*i*]. Ex. : *piuse, carrasco, canti*.

9. Solidité également des voyelles prétoniques [*e* ou *ə*]. L'occitan ignore absolument les syncopes françaises (type *e* muet). Comparer fr. *petite*, phon. [*ptit*] et occ. *petita*, phon. [*pétito, -a*] ; cette tendance du français rejoint d'ailleurs celle qui figure au nº 8 ; si bien qu'une phrase du type : *une petite femme sur la fenêtre* phon. [*ün ptit fam sür la fnètr*], avec ses sept syllabes toutes atones (quant à l'accent de mot), a un schéma rythmique tout à fait différent de l'occitan *una petita femna sus la finèstra*, avec ses 12 syllabes d'intensité inégale mais toutes clairement articulées. C'est ce rythme conservateur qu'on retrouvera en français local et qui rend, une fois de plus, si particulier l'*accent* des Méridionaux.

10. Pas de *proparoxytons* (mots accentués sur l'antépénultième) (cat., esp., it.), sauf en niçois. L'occitan, sous cet aspect, s'oppose essentiellement à l'espagnol et à l'italien ; le catalan en effet ne connaît guère de proparoxytons que dans les mots savants et quelques formes verbales ; de plus, le catalan de France les ignore. Cf. occ. *pagina* ; esp., it. *pagina* « page » ; occ. *nespola* « nèfle », esp. *nispera*, it. *nespola*.

11. Fermeture de [*o*] prétonique jusqu'à [*u*] en toute position, comme en français et en catalan (esp., fpr., it.).

Le français, on le voit, tient une place à part dans la famille des langues néo-latines : l'usure phonétique des mots, la disparition quasi totale des voyelles finales atones, le remplacement de l'accent tonique par un accent de phrase, les palatalisations nombreuses qui ont affecté son vocalisme et son consonantisme, les nasalisations fréquentes, etc., tout cela donne au français une physionomie articulatoire foncièrement originale ; et de ce point de vue, l'occitan, dans son ensemble, s'oppose à la langue d'oïl pour rejoindre les autres langues romanes.

Pour ce qui est de la morphologie, même divorce de la langue d'oc par rapport au français et mêmes affinités avec les langues néo-latines plus méridionales :

1º Conservation d'une flexion verbale restée assez près du latin et entraînant l'inutilité du pronom personnel sujet (fpr., fr.). Ex. : *canti, cantas, canta, cantam, cantatz, cantan (cantar)*.

2º Système verbal original, dont l'essentiel est commun avec le catalan (esp., fr., fpr., it.).

3º Usage encore courant du prétérit et de l'imparfait du subjonctif, en particulier pour exprimer l'irréel (fr. actuel). Ex. : *S'aguèssi un ostal, seriá content*, « si j'eusse une maison, je serais content ».

4º Maintien du subjonctif dans les prohibitions (fpr., fr., it.). Ex. : *(non) cantes pas, (non) fagas pas aquò* « ne chante pas, ne fais pas cela ».

5º Emploi, concurremment avec *òm*, de la 3ᵉ personne du pluriel et du réfléchi dans les expressions indéterminées, alors que le français, sans ignorer totalement ces tournures, n'emploie guère que *on*. Ex. *dison que, se ditz que* « on dit que ».

On peut ajouter un sixième trait, non cité par Ronjat, à savoir l'usage courant d'un pluriel sensible dans une bonne partie du domaine occitan (gascon, languedocien). Ex. : *òme, òmes ; escòla, escòlas* (avec un *s* final articulé ou tout au moins vocalisé).

Si de la morphologie nous passons au lexique, nous constatons, là encore, de nettes affinités de l'occitan avec les langues latines méridionales.

Certes, le lexique de la Gaule s'est distingué, dès la période romane, de celui des régions voisines. Mais les études récentes ont montré qu'à côté de cette superstructure, valable pour l'ensemble du gallo-roman, il y avait toujours, sous-jacents, de vieux fonds spécifiques : fond méditerranéen, fond ibérique, fond pyrénéen, etc., qui donnent au vocabulaire de l'occitan, en particulier du sud occitan, une couleur tout à fait particulière. Mais c'est peut-être moins par des critères étymologiques que par une sorte de « décalage évolutif » (comme en morphologie) que le lexique d'oc s'oppose au lexique français. La langue de Racine, encore une fois, fait dissonance dans le concert des langues néolatines par la pauvreté numérique de son vocabulaire. L'Occitanie n'a pas eu son Malherbe et nous vivons encore la richesse et la surabondance qu'avait connues le français à l'époque pré-malherbienne et qui sont celles des autres idiomes romans. Si le français a évolué ainsi, c'est certes par suite de contingences culturelles et historiques : rôle de Malherbe, de la cour, de la préciosité, de la structure sociale et politique du pays, etc. ; mais sans tomber dans un romantisme facile, ne faut-il pas voir dans ce « décalage évolutif » une tendance profonde du gallo-roman septentrional, un esprit d'innovation pour ainsi dire endémique ? Qu'on pense encore, dans un autre domaine, aux dominantes sémantiques du français, dues en grande partie à cette usure phonétique et à cet appauvrissement numérique du lexique dont nous avons parlé. Le mot français, par exemple, est essentiellement arbitraire et abstrait ; il est volontiers polysémique (à plusieurs sens) ; cette polysémie, jointe au grand nombre d'homonymes, augmente le risque d'ambiguïté (le français est par excellence la langue des calembours) ; le mot français n'est donc pas « motivé » ; son autonomie sémantique est faible : il a, plus que les autres langues, besoin du contexte pour être compris. Non que ce manque d'indépendance sémantique du mot soit une pauvreté en soi : le français, on le sait, l'a pallié par le développement de mécanismes syntaxiques originaux, comme par exemple l'anté- ou post-position de l'adjectif par rapport au substantif, mécanismes essentiellement délicats qui déroutent les étrangers. Mais là n'est pas la question : ce besoin de structuration de la langue renforce les tendances, déjà si caractéristiques, à l'analyse et partant à l'abstraction, et oppose le français aux autres langues, langues germaniques, comme l'allemand, ou néo-latines, l'occitan en l'occurrence, plus ancrées dans le concret.

Si du lexique et de la sémantique nous passons à la syntaxe, nous retrouvons la même spécificité de l'occitan par rapport au français. Ici, il faut détruire d'illustres préjugés, celui de Gaston Paris en particulier, qui regrettait « l'absence d'une syntaxe propre au provençal ». Les romanistes modernes, après Ronjat, n'ont pas eu de peine à démontrer qu'il n'en est rien et les études d'un Charles Camproux, par exemple, sur la syntaxe des parlers gévaudanais, ont prouvé nettement l'originalité syntaxique des parlers populaires du Gévaudan et, « à travers eux, l'originalité de la syntaxe d'oc par rapport au français ». Cette originalité ne se manifeste pas seulement par un certain archaïsme face au français actuel, mais aussi, et surtout, par des innovations spécifiques. Quels sont les caractères généraux de cette syntaxe ? M. Camproux en distingue trois : absence du souci de logique formelle, ce qui évite cette « minéralisation syntaxique » dont le français ne se débarrasse qu'avec peine ; souci de l'expressivité (« logique psychologique ») et une souplesse que l'auteur n'hésite pas à comparer à celle du grec ancien et qui oppose, une fois de plus, l'occitan au francoprovençal et au français, tout au moins au français moderne et littéraire.

Il serait facile d'en donner de multiples illustrations, que ce soit dans le verbe et ses catégories (temps, aspects, modes, voix), dans les faits d'accord ou de dépendance (place des mots, cas, introductifs divers). En ce qui concerne les aspects du verbe, notons par exemple, d'après M. Camproux, les subtiles nuances correspondant à l'expression d'un *parfait de l'action antérieure indéterminée*, absolument inconnu en français :

L'ai aguda cantada aquela cançon : présent du parfait de l'action antérieure indéterminée ; litt. « Je l'ai eue chantée cette chanson ».

L'aviá aguda cantada aquela cançon : imparfait du parfait de l'action antérieure indéterminée ; litt. « Je l'avais eue chantée... ».

L'aguère aguda cantada aquela cançon : prétérit du parfait de l'action antérieure indéterminée ; litt. « Je l'eus eue chantée... ».

L'aurai aguda cantada aquela cançon : futur du parfait de l'action antérieure indéterminée ; litt. « Je l'aurai eue chantée... ».

Bref, sur les dix-neuf critères discriminatifs choisis par Jules Ronjat et que nous venons de développer, *quatre* différencient notre langue du catalan, *sept* de l'espagnol, *huit* de l'italien, *douze* du francoprovençal et *seize* du français. Nous répétons qu'il ne s'agit là que des principaux et des plus généralisés : on pourrait en effet en trouver bien d'autres comme la rareté des diphtongues ou des triphtongues en français moderne, alors qu'elles sont très nombreuses en occitan (ex. *causa*, *mai*, *buòu*, *nueit*) ; chute, en français, des consonnes intervocaliques latines comme *t*, *c*, *g* (ex. : *PRECARE* > occ. *pregar*, fr. *prier* ; *NEGARE* > occ. *negar*, fr. *nier* ; *SETA* > occ. *seda*, fr. *soie*) ; articulation particulière de certaines consonnes qui rapprochent encore l'occitan de l'ibéro-roman (ex. : *r* apical, en voie de disparition presque totale en français, mais encore solide en occitan, malgré un certain recul chez les jeunes générations et dans certaines zones dialectales ; -*b*- intervocalique fricatif et non occlusif comme en français ; *s* souvent alvéolaire comme en cat. ou esp. ; *l* mouillé [*lh*] encore bien conservé, etc.).

Nous pensons qu'il est inutile de poursuivre la démonstration. Ce qui saute aux yeux, c'est, d'une part, l'originalité foncière du français qui fait vraiment dissonance dans le concert des langues romanes et, de l'autre, la « méridionalité » de l'occitan. Ce dernier, quoique lié à la langue d'oïl par certains des traits communs qui caractérisent le gallo-roman dans son ensemble, présente une physionomie linguistique qui le rattache davantage, comme nous venons de le voir, aux langues néolatines plus méridionales.

Chapitre II

LA FRAGMENTATION DIALECTALE DU GALLO-ROMAN MÉRIDIONAL

I. — Les dialectes occitans

Les deux grandes entités linguistiques du gallo-roman dont nous avons parlé au chapitre précédent se sont-elles tout de suite fixées dans une immuable unité ? Non. Par un processus de désagrégation semblable à celui qui avait scindé en deux le latin de la Gaule, ces deux idiomes, qui portaient déjà en eux les germes de leur propre fragmentation, se sont subdivisés à leur tour en entités secondaires : les *dialectes*.

Ces dialectes ne constituent d'ailleurs pas, en général, des types linguistiques parfaitement déterminés, circonscrits dans tous les sens et couvrant sur la carte des territoires juxtaposés et distincts (F. de Saussure). Il n'y a au fond que des caractères dialectaux naturels dont l'aire d'extension est souvent extrêmement capricieuse et se moque des barrières dialectales définies par la tradition historique. Il suffit, pour s'en convaincre, de jeter un coup d'œil sur une carte linguistique quelconque : les zones dialectales, pour réelles qu'elles soient, s'interpénètrent à leurs frontières et l'on passe, la plupart du temps, insensiblement d'une zone à l'autre.

Que l'on se place donc sur le plan du temps ou de l'espace, il n'existe pas, si l'on tient compte uniquement des lois naturelles de l'évolution du langage, de passage brusque d'un état linguistique à l'autre. La nature linguistique, si l'on peut dire, progresse historiquement par lentes métamorphoses et non par mutations et, géographiquement, s'irradie sans brusques secousses. C'est dire qu'en géographie linguistique il n'existe que rarement des limites franches, autres que celles — et encore ! — concernant un seul phénomène. Le morcellement à l'infini semble être l'état naturel, biologique, en quelque sorte. La notion même de dialecte est donc assez délicate à définir. Il est plus prudent de parler de *complexus dialectaux* correspondant à un état de langue défini intrinsèquement par une somme plus ou moins importante de caractères donnés et s'étendant sur une aire géographique déterminée. La désignation de dialectes ou de sous-dialectes traditionnels implique en effet des limites rigides entre les sous-produits dialectaux, ce qui, on l'a maintes fois démontré, ne correspond que rarement à la réalité. En poussant les choses à l'extrême, on pourrait donc dire, comme certains dialectologues, que les dialectes n'existent pas : il n'y a que des aires indépendantes et, par voie de conséquence, autant de dialectes que de villages. Cette affirmation est certes beaucoup trop absolue. Elle semble d'autre part poser précisément, d'une manière implicite, l'existence de dialectes traditionnels définis par référence à l'histoire ou aux contingences politiques, c'est-à-dire à des critères extra-linguistiques. Il est exact dans ce sens de dire que les aires ne correspondent que rarement aux divisions dialectales traditionnelles, mais on ne doit pas en conclure à l'inexistence des dialectes, si l'on a soin de définir ces derniers, non pas en fonction de compartimentages historico-géographiques posés *a priori*, mais en se référant à la ségrégation dialectale réelle. L'aire est effectivement la seule donnée objective de la cartographie linguistique mais les aires peuvent être plus ou moins vastes, plus ou moins nombreuses, compte tenu des faits de langue auxquels on se rapporte, et coïncider d'une manière plus ou moins parfaite. Lorsque les traits spécifiques sont assez abondants et leurs aires d'extension assez vastes, il n'y a aucun inconvénient à parler de *dialectes* ; que ces derniers coïncident ou non avec la conception traditionnelle qu'on s'en fait est sans importance : les impératifs historico-géographiques conditionnent souvent dialectes et sous-dialectes, ils ne les définissent jamais intrinsèquement (1).

(1) On voit par exemple qu'on oppose traditionnellement *béarnais* et *gascon*, alors que celui-là n'est qu'un sous-dialecte, assez mal caractérisé, de celui-ci. Il est évident que c'est le cadre historico-géographique du Béarn qui a imposé cette vision erronée des

Il faut partir de la réalité linguistique pour arriver à l'histoire et non suivre la marche inverse, définir d'abord un *complexus dialectal* en fonction de traits arbitrairement choisis, certes, mais fondamentaux, analyser ensuite, éventuellement, ce qu'on pourrait appeler son infrastructure ou sa *base* historico-géographique. Dans ces conditions, des études d'*aréologie systématique* peuvent être extrêmement fructueuses.

Nous examinerons donc la fragmentation dialectale du gallo-roman méridional d'une manière très large, mais en fonction de critères linguistiques fondamentaux, transcendant ainsi les divisions provinciales traditionnelles que nous n'aborderons qu'en second lieu. Les traits discriminatifs seront essentiellement phonétiques. C'est ainsi que nous diviserons le domaine *occitano-roman* (cf. ci-après) en quatre grandes entités dialectales : A) Le *nord-occitan* ; B) L'*occitan méridional* ; C) Le *gascon* ; D) Le *catalan*.

A) *Le nord-occitan.* — Un phénomène extrêmement précis partage en deux le domaine d'oc et justifie à lui seul l'existence d'un nord-occitan : la palatalisation de *CA* et de *GA* latins en *cha* (tša) et *ja* (dja). Ex. : *CANTAT* > *chanta*, au lieu de *canta* dans le reste du domaine ; *CASTELLU* > *chastèl, -èu/castèl, -èu* ; *BRANCA* > *brancha/branca* ; *MUSCA* > *moscha/mosca* ; **GAUDIRE* > *jauvir/gausir* ; *GALLINA* > *jalina/galina* ; *PLAGA* > *plaja/plaga*.

Il peut sembler arbitraire de se fonder ainsi sur un seul trait phonétique, mais cette palatalisation revêt une particulière importance si l'on considère : 1º Le fait qu'elle est la continuation naturelle de la même palatalisation en langue

---

faits. On peut citer encore le cas du pays de Foix, qui a constitué de bonne heure une petite unité politique distincte, mais dont les parlers ressemblent bien plus à ceux du Toulousain que ceux de l'Albigeois, plus voisin et relié à Toulouse par des routes plus aisées.

d'oïl (à l'exception du picard et du normand), consacrant ainsi un domaine intermédiaire entre le français et l'occitan moyen (1). 2º Que cette tendance est fort ancienne (elle date au moins du VIᵉ siècle) et attestée dès les plus anciens textes, littéraires ou administratifs. 3º Qu'elle est en relation avec d'autres faits de palatalisation ($u > ü ; o > ö ; s > š ; di > dyi$, etc.) qui semblent bien liés, selon certains linguistes (Fouché) à un substrat ethnique : la race alpine brachycéphale, qui forme la majeure partie de la population française, provient en effet des régions de langue altaïque, domaine de prédilection des palatalisations ; dans le Sud, au contraire, la bande pyrénéo-méditerranéenne, dolichocéphale, ignore les palatalisations. Pour d'autres linguistes au contraire (W. Wartburg), ces faits correspondent, au moins pour ce qui est du domaine d'oïl, à un superstrat germanique : la non-palatalisation coïncide en Normandie et dans l'extrême Nord avec des aires de fort peuplement germanique : Normands et Francs. 4º Que cette palatalisation est un des grands phénomènes dont le domaine d'extension est dirigé est-ouest : il représente la dernière transformation linguistique que la Gaule et la Rhétie accomplirent en commun. Il s'étend en effet, quoique dans des conditions plus compliquées, en rhéto-roman et dans l'extrême nord de l'Italie (parlers romans des Alpes centrales et orientales). Il est donc à présumer que cette tendance évolutive comprenait aussi l'ensemble des dialectes alpins, descendant assez bas vers la plaine du nord de l'Italie, en relation avec le gallo-roman. Ce sont des influences diverses, probablement germaniques, qui ont provoqué des régressions. 5º Que l'évolution $ka > tša$, avec ses sous-produits $(tša > tsa > sa)$ a créé en nord-occitan un bouleversement des systèmes phonologiques par rapport à l'occitan moyen ; ex. : occ. moyen : [*kanta, fatšo, suna*] « chanter, faite, sonner », face à certains parlers nord-occ. : [*santa, faso, šuna*].

Limite sud du domaine nord-occitan (cf. fig. 2 et 3). — Le domaine nord-occitan est limité approximativement au sud par une ligne qui, partie du nord du pays niçard (sommet de la vallée de la Vésuvie), se dirige vers l'ouest, passe au nord de Digne et

---

(1) Une divergence essentielle, néanmoins, avec le français et le francoprovençal, où non seulement la consonne, mais aussi la voyelle, est affectée : *a* libre $>$ *ie*. Ex. : *cattu* $>$ *chat*, mais *cara* $>$ *chiere* ; contre nord-occ. : *chat* et *chara*.

de là, presque en ligne droite, file jusqu'au confluent du Rhône et de l'Ardèche, entre Bourg-Saint-Andéol et Pont-Saint-Esprit. Elle passe ensuite entre Barjac et Vallon, Meyrueis et Florac, se dirigeant vers le nord-ouest jusqu'au nord d'Au-

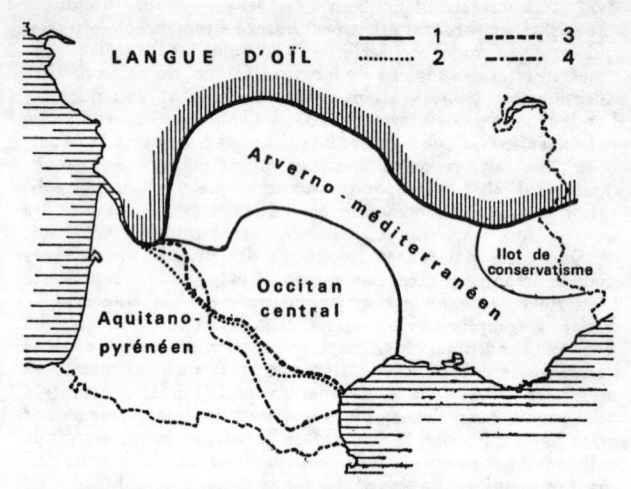

Fig. 2. — Structuration supra-dialectale de l'occitan
1. vi(n)/bi(n) ; 2. jur (yur)/djur (dzur) ; 3. fayta/fatša ; 4. fèyt/fayt (fatš).

rillac. De là, elle continue sa route en ligne droite, passant au nord de Beaulieu et de Martel, puis à peu près à égale distance entre Souillac et Brive, Sarlat et Terrasson, Bergerac et Périgueux, le cours de la Dordogne et celui de l'Isle. Elle touche enfin, à Puynormand, la limite nord de notre langue avec laquelle elle se confond jusqu'à l'Océan. En gros, le nord-occitan comprend donc le Limousin, le nord du Périgord, presque toute l'Auvergne (sauf la région d'Aurillac), la majeure partie des

Cévennes (partie de la Lozère et toute l'Ardèche), le sud du Dauphiné.

Outre le phénomène fondamental, de la palatalisation de *ca* et *ga* latins, les parlers nord-occitans présentent les caractéristiques suivantes :

— Tendance à l'amuïssement du *-d-* intervocalique latin (> *z*) : *creiem, veiem* pour *cresem, vesem* < **CREDĒMUS, VIDĒMUS* ; *lauvar, auvir* pour *lausar, ausir* < *LAUDARE, AUDIRE* ; *suar*

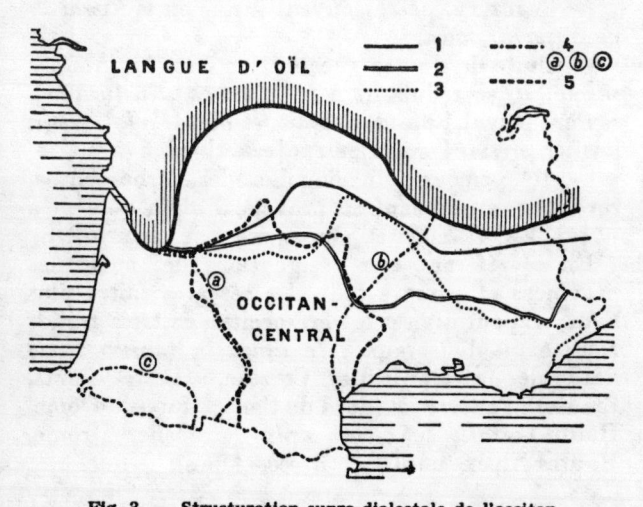

Fig. 3. — Structuration supra-dialectale de l'occitan

1. pasta, escóla/pata, ecóla ; **2.** cantar/chantar ; **3.** susar/suar « suer » ; **4.** pan/pa, *a)* gascon/langued., *b)* prov./langued., *c)* gascon/ béarnais ; **5.** sal/sau (sa).

pour *susar* < *SUDARE* ; ce phénomène atteint même, en provençal alpin, les part. passés : *-ada, -ida, -uda*, où le *-d-* provient d'un *-t-* latin *(chantaia, dormia, vengua* pour *chantada, dormida, venguda)* (cf. fig. 3).

— *v* labio-dental, comme en français et en provençal, sauf au sud de l'Auvergne : *vacha, lavar* « vache, laver », et distinct de *b* (cf. ci-après gascon et langued.) (cf. fig. 2).

— Chute des consonnes finales et de *-s* du pluriel (sauf en provençal alpin).

— Vocalisation de *-l* et de *-ll* finals, comme en provençal : *ostau, sau, vedèu* (langued. : *ostal, sal, vedèl*) « maison, sel, veau ».

— *-l-* interv. passe souvent à *r*, γ ou *w* : *pala* > *para, paγa, pawa*.

— Chute de *s* ou sa vocalisation dans les groupes *sk*, *sp*, *st*, se réduisant à *k*, *p*, *t* : *chastèu* [*tsatèw*], *espiar* [*épya*], *pasta* [*pāta*], *escòla* [*ékola*], *estiu* [*eytiw*], *prestar* [*préyta*], *escut* [*eykūt*] (cf. fig. 3).

— 1re personne du singulier des verbes en *-e*, rarement en *-i* ; sauf en provençal alpin où l'on a *-o* [*u*]. Ex. : *chante* et non *chanti* « je chante ».

En se référant aux désignations des anciennes provinces et compte tenu des réserves faites plus haut, on peut diviser le nord-occitan en trois grands complexus dialectaux : le *limousin* (grosso modo nord de la Dordogne, Corrèze, Haute-Vienne, Creuse) ; l'*auvergnat* (nord du Cantal, Puy-de-Dôme, Haute-Loire) ; le *vivaro-alpin* (Ardèche, Drôme, Hautes-Alpes, nord des Basses-Alpes).

1º Le *limousin*, dont le nom a servi parfois, au Moyen Age, à désigner la *koinê* littéraire des troubadours (cf. ci-après) est, dans sa partie méridionale, assez conservateur : le *bas-limousin* (bassin de Brive) connaît dans l'ensemble le passage de *ct* à *ch* (*FACTU* > *fach*, *NOCTE* > *nuech* : cf. ci-après) et a le son *ts* correspondant au *ch* français : ex. [*tsanta*], [*vatsa*] = *chantar, vacha* ; la ligne *tèsta/tèta* le coupe au sud-est. Le marchois au contraire (extrême nord du domaine) a *yt* ([*ʃayt*]) comme en ancien français et *tš* ([*tšanta, vatša*]) ; dans sa partie orientale, il connaît certaines palatalisations auvergnates qui ont gagné jusqu'au centre de la Creuse et de la Corrèze. Le limousin, enfin, maintient assez bien les pluriels, surtout les féminins : *-as* a passé à *-ā* long, après la chute de *-s* par allongement compensatoire : [*vatšo*], singulier, s'oppose à [*vatšā*] pluriel ou même, par déplacement d'accent dans l'extrême nord, à [*vatša*].

2° *L'auvergnat* s'oppose d'une manière assez nette au limousin, bien que, ici encore, il n'y ait aucune limite franche, mais une aire interférentielle assez vaste. D'une manière générale, on peut dire que les parlers auvergnats sont les plus morcelés, surtout en Basse-Auvergne (département du Puy-de-Dôme) (1), et les plus aberrants par rapport à la langue classique (cf. après) : il n'est pas étonnant que cette région ait fourni jusqu'à présent peu d'écrivains à la renaissance littéraire occitane. Le phénomène le plus caractéristique est la série des palatalisations qui affectent toute sorte de consonnes : sifflantes *(s, z)*, linguo-dentales *(t, d, l, n)*, palatales *(k, g)* et enfin, ce qui est plus rare, les labiales *(p, b)* ou labio-dentales *(f, v)*. La voyelle la plus palatalisante est *i* (ou *yod*), puis *ü*, puis *é* et *ō* ; les labiales ne se palatalisent que devant *i*. Ainsi, à l'occitan moyen : *libre, dire, vinha, nud, cuba, quitar* correspondent en bas-auvergnat : *lyibre, dyire, vyinha, nyü, tyuba, tyita/tšita/tsita*, etc. Ces diverses palatalisations peuvent aboutir à

---

(1) La *basse Auvergne* est la partie nord de la province, par opposition à la *haute Auvergne* (département du Cantal), alors que c'est l'inverse en Limousin : le *haut Limousin* (région de Limoges) est au nord du *bas Limousin*.

un véritable bouleversement des systèmes phonétique et phonologique rendant le bas-auvergnat difficilement accessible à un Occitan du sud. Un deuxième phénomène caractéristique du bas-auvergnat est la réduction des diphtongues de la langue classique, conservées en occitan moyen. Ex. : occitan moyen : *paire, aiga, fau, aucas, pèira*, bas-auvergnat : *pere, iga, fo, üchā, pira*. A noter en outre l'évolution *ai* > *èi*, le passage à *ü* du second élément des diphtongues en -*u* [-*w*], ce qui amène sporadiquement, par exemple, *au* à *ō* ; enfin des nasalisations vocaliques complètes comme en français. Plus conservateurs sont les parlers *haut-auvergnats* qui commencent avec la persistance de *s* devant *p, t, k* : *espiar, tèsta, escotar*, et l'altération de -*l*- entre voyelles : *pala*, pron. [*pawa, pava, paga*], etc. Les diphtongues sont en outre mieux conservées.

3º Le *vivaro-alpin* (1) couvre la partie occitane des Alpes et du Dauphiné, et, à l'ouest du Rhône, le nord du Vivarais, le nord-est du Velay et le coin sud-ouest du Forez qui est de notre langue. Ce groupe de parlers, qui s'étend au-delà de la frontière politique, jusque dans certaines vallées italiennes *(occitan cisalpin)*, présente quelques traits communs avec le francoprovençal, notamment la persistance de -*o* atone latin, en particulier dans les formes verbales *(CANTO > chanto)* et la chute de -*t*- latin intervocalique *(AMATA > amaia, PRATA > praia, venguda = vengua, garida = ga-*

---

(1) Nous désolidarisons donc le *vivaro-alpin* du provençal, faisant ainsi abstraction de certaines données historiques, et nous renonçons à la désignation de *provençal alpin*, que nous avions retenue naguère. On pourrait à la rigueur, pour choisir un terme moins techniquement géographique, proposer celle de *gavot*, en lui donnant une acception plus large.

ria). Un caractère commun à la montagne est le passage de *l* à *r* devant les consonnes labiales (*barma* pour *balma* « grotte »), et entre voyelles (*para* pour *pala*). Les consonnes finales sont partiellement maintenues ; *s* des pluriels et des groupes *sp*, *st*, *sk* est sensible. On y trouve en outre quelques faits de conservatisme absolument curieux, tel le maintien, rarissime en occitano-roman, de l'*-r* de l'infinitif (*chantar, aver, florir*). Dans l'ensemble on peut donc dire que l'occitan alpin (*gavot*) est resté plus solide, beaucoup plus près de la langue classique et de l'occitan moyen que l'auvergnat.

B) *L'occitan méridional*. — Il comprend le *languedocien* et le *provençal* qui ont en commun les caractères suivants :

1. Maintien des groupes latins *ca* et *ga* (*cantar, cabra, gal* < GALLU, *gaug* < GAUDIU, *plaga* < PLAGA) ;
2. Maintien de *s* (avec parfois passage à *h* dans le Nord) dans les groupes *sp, st, sk* (*espiar, tèsta, escòla*) ;
3. Solidité du *a* prétonique qui ne s'est pas vélarisé (sauf au nord du domaine) : *castèl, aquel, passejada* et non [*kostèl, okel, posejado*] (Rouergue) ;
4. Pas de palatalisations des consonnes ; *s* même, sauf en Périgord, reste sifflant, à peu près comme en français ou prend souvent une articulation alvéolaire comme en catalan ou en espagnol ;
5. Solidité des diphtongues et des triphtongues : *paire, aiga, sau, pèira, buou, puei* < PATRE, AQUA, SALE, PETRA, BOVE, *POSTIU ;
6. *l* interv. se maintient, qu'il provienne de *-l-* ou de *-ll-* latins (*pala, salar, galina, bèla*).

De ces deux dialectes, c'est le languedocien le plus conservateur, le plus solide dans son phonétisme et le plus important géographiquement : il est approximativement limité à l'ouest par la Garonne, prolongée par son affluent l'Ariège (limite avec le gascon), au nord par le nord-occitan (ligne *ca/cha*), à l'est par une bande interférentielle située entre le

Vidourle et le Rhône (limite avec le provençal) (1). C'est vraiment l'occitan moyen par excellence.

Outre les traits qu'il a en commun avec le provençal, voici les caractères essentiels de sa physionomie linguistique :

1. Conservation de -s final de pluriel. Ce trait le rapproche du gascon et du catalan et le distingue du provençal (cf. ci-après). Ex. : *pòrtas, flors* ;

2. Non-palatalisation, au sud du domaine, du groupe latin *ct* *(FACTU > fait, LACTE > lait)* au lieu de *fach, lach*.

3. Pas de vocalisation de *-l* final (provenant de *-l* ou de *-ll*), sauf en languedocien extrême-oriental *(sal, nadal, vedèl, bèl < SALE, NATALE, VITELLU, BELLU)*. Ce trait l'oppose au provençal et au gascon (cf. ci-après) ;

4. Chute de *-n* « instable » de l'ancienne langue, c'est-à-dire de *-n-* intervocalique latin devenu final par chute de la voyelle finale *(pa, vi, bé < PANE, VINU, BENE)*. Ce trait l'oppose au provençal et au gascon *(pan, vin, ben)* qui conservent l'*-n* et nasalisent légèrement la voyelle ;

5. Ignorance de la labio-dentale *v* (correspondant à un *b* ou à un *ƀ* fricatif entre voyelles). Ex. : *fava* : lang. [faƀo]/prov. [favo] ; *lavar* : lang. [laƀa]/prov. [lava] ; *vin* : lang. [bi]/prov. [vin]. Ce trait oppose le languedocien au provençal, partiellement au nord-occitan, et le rapproche du gascon et du catalan ;

6. Solidité des consonnes finales : *cantat, vengut, prat, lop, còp, bèc*. Ce phénomène l'oppose au nord-occitan et au provençal et le rapproche du gascon et du catalan ;

7. Article *los* (masc.) et *las* (fém.), au lieu de l'article polyvalent du provençal *li(s)*. Ce dernier trait, pan-occitan, a surtout une valeur oppositionnelle face au provençal.

A l'intérieur de cette unité linguistique, la plus puissante de la terre d'oc, on peut certes différencier des sous-dialectes. On distingue par exemple un *languedocien méridional* (central, toulousain, fuxéen, donésanais, narbonnais), qui se rattache à l'ensemble aquitano-pyrénéen (cf. *infra*), un *languedocien septentrional*, qui fait la transition avec les parlers nord-occitans (rouergat, gévaudanais, aurillacois),

---

(1) Soit les départements suivants : Aveyron, Lot, Lot-et-Garonne, Tarn-et-Garonne, Tarn, Aude, Hérault, et partiellement : Lozère, Haute-Garonne, Ariège, Gard, Dordogne, Cantal, Pyrénées-Orientales, Gironde ; en tout, environ 3 500 000 hab.

un *languedocien occidental* (agenais, quercinois, albigeois), et un *languedocien oriental*, qui annonce déjà le provençal (biterrois, montpelliérain, cévenol). Mais la caractérisation précise de ces petites entités dialectales nous entraînerait trop loin.

Le deuxième dialecte de l'occitan méridional est le *provençal*, que sa fortune littéraire a particulièrement servi au siècle dernier et qui a désigné, et désigne encore, l'occitan dans son ensemble (cf. ci-après). Nous l'avons déjà partiellement défini par rapport au languedocien dont il se distingue essentiellement par six traits principaux que nous rappelons :

1. Maintien de -*n* « instable » *(pan)* ; 2. Présence de *v* labiodental *(vaca)* ; 3. Vocalisation de -*l* final, provenant de -*l* ou de -*ll (nadau, bèu)* ; 4. Absence de *s* flexionnel au pluriel ; 5. Chute des consonnes finales : *lo(p)*, *canta(t)*, *bè(c)* ; 6. Article *li(s)* ou *lei(s)* pour les deux genres.

A vrai dire, tous ces caractères se retrouvent ailleurs, soit en gascon (1 et 3), soit en nord-occitan (2, 3, 4, 5). A la différence du nord-occitan et du gascon, dont la spécificité phonétique remonte aux origines de la langue, « c'est en fait d'un concours d'accidents phonétiques et d'une sorte de surévolution qu'est né le visage actuel du provençal » (R. Lafont). Les traits les plus généraux : chute des consonnes finales, création d'un pluriel en -*ei*, -*i* (pronoms et adjectifs) : ex. *i* pour *als*, *di* pour *dels* ou *de las*, *polidi(s)* pour *polidas*, tous ces traits sont postérieurs au XVIe siècle. On peut donc dire que pour l'essentiel (1) le provençal s'est *détaché* du languedocien à date relativement récente : l'ancienne communauté est sous-jacente et n'empêche nullement une intercompréhension immédiate. L'absence des consonnes finales, en particulier, ne lèse en rien cette intercompréhension (sauf de très rares exceptions pour les monosyllabes) parce que : 1° Les mots sont, en général, suffisamment structurés phonétiquement pour être facilement reconnus. Ex. : *ai canta(t)* « j'ai chanté » ;

---

(1) Il y a certes des traits plus spécifiques du provençal qui sont assez anciens (par ex. : chute de certaines consonnes interv. comme -s- : *kamyé* pour *camisa* « chemise »), mais ils n'affectent qu'une partie du domaine.

lo teula(t) « le toit » ; *escló(p)* « sabot » ; *ado(b)* « préparation » ; *manci(p)* « adolescent », etc. Ceci vaut donc pour l'intercompréhension dans le sens languedocien → prov. ; 2° Les cons. finales sont souvent *latentes* en provençal et reparaissent, soit dans les formes dérivées, soit en liaison étroite. Ex. : *esclopejar* « faire un bruit de sabots », *adobar* « préparer », *mancipa* « adolescente » ; *nuech e jorn* [*nyŏtš é djur*], « nuit et jour », *mi bèus amics* [*mi bèws ami*] « mes beaux amis ». Ceci vaut pour l'intercompréhension en sens inverse (prov. → langued.).

Le provençal, ainsi défini par des critères linguistiques, recouvre les parlers de l'ancienne Provence, du Comtat-Venaissin et du comté de Nice. On peut y ajouter les parlers de Nîmes et d'Uzès, en Languedoc (encore languedociens au XVIIe siècle). Les parlers de Pierrelatte et de Valréas en Dauphiné sont à rattacher au vivaro-alpin. A l'intérieur de ce domaine, on peut distinguer trois groupes de parlers sur les caractères desquels nous ne pouvons insister ici : 1° Le *rhodanien*, parler de base de la langue mistralienne (Avignon, Arles, la Camargue, les Martigues, Nîmes, Uzès) ; 2° Le *maritime* ou mieux *central* (côte méditerranéenne, de Marseille à Antibes, et dans la région de Draguignan) ; 3° Le *niçart*, parlé dans l'ancien comté de Nice (1).

C) *Le gascon.* — Le gascon constitue, dans l'ensemble occitano-roman, une entité ethnique et linguistique tout à fait originale, au moins autant, sinon davantage, que le catalan (cf. ci-après). Dès le Moyen Age, il est considéré en effet comme un *lengatge estranh* par rapport à la *koinê* des troubadours. Les *Leys d'Amor* (espèce de code grammatical du XIVe siècle) l'assimilent ainsi au français, à l'anglais, à l'espagnol et au lombard (italien).

---

(1) Le *bas-alpin* (partie sud des Alpes, jusqu'à Apt en Vaucluse) et l'*occitan cisalpin* (cf. *supra*) sont à rattacher au *vivaro-alpin*.

C'est dire à quel point, malgré une exagération certaine des *Leys d'Amor*, due à des intentions puristes, était sentie dès cette époque l'originalité foncière de ce dialecte.

Essayons donc de le localiser, *géographiquement* d'abord, *linguistiquement* ensuite.

Géographiquement, le gascon est limité approximativement par les Pyrénées, l'océan Atlantique et la Garonne depuis son embouchure jusqu'aux environs de Toulouse. Au sud de cette ville, au confluent de la Garonne et de l'Ariège, la limite linguistique ne se confond plus avec la Garonne qu'elle laisse à l'ouest, mais suit plutôt le cours de l'Ariège dont elle s'éloigne progressivement vers l'ouest jusqu'aux Pyrénées (distance maxima : une trentaine de kilomètres). Nous verrons tout à l'heure comment interpréter cette délimitation géographique. D'ores et déjà, on peut constater que la Garonne, à part la zone orientale limitée par l'Ariège, est la ligne de démarcation toute naturelle qui sépare le gascon du languedocien et, très partiellement, du domaine d'oïl.

Linguistiquement, le gascon se distingue nettement des autres complexus dialectaux occitans. Par sa phonétique principalement, mais aussi par sa morphologie, sa syntaxe et son lexique.

a) *Phonétique.* — Le latin introduit dans l'ancienne Aquitaine a subi une évolution phonétique tout à fait originale dont certains traits lui sont absolument spécifiques. Voici les principaux :

1. $F > h$. Le gascon, comme le castillan, ignore la labiodentale F qu'il a transformée en une simple aspiration. Au lieu du lang. : *filha, farina, flor, fred, calfar*, etc., le gascon dira donc : *hilha, haria, hlor, hred, cauhar*, etc., respectivement *fille, farine, fleur, froid, chauffer*.

2. Le *n* intervocalique est tombé en gascon, trait qui le rapproche du portugais. Au languedocien *farina, una, luna, esquina, amenar, semenar*, le gascon opposera : *haria, ua,*

lua, esquía, amiar, semiar, respectivement : *farine, une, lune, échine* (dos), *amener, semer*.

3. Le *r* initial, prononcé avec la pointe de la langue et fortement vibré a donné naissance à un *a prosthétique*. Il se présente donc sous la forme : *arr-*. Ce trait apparente le gascon à l'aragonais et vraisemblablement au basque. On a donc : *arrat, arrasim, arròda, arriu, arrai, arram* au lieu de : *rat, rasim, ròda, riu, rai, ram*, respectivement : *rat, raisin, roue, ruisseau, rayon, rameau*.

4. La géminée *LL* (*l* double) a subi en gascon un traitement très particulier et différent selon qu'elle se trouvait en *finale* ou en *position intervocalique*.

a) En finale, *-ll* aboutit à *th* (*t* mouillé comme en russe ou *tch*, à peu près comme dans *tchèque*). Ce *th* a d'ailleurs perdu sa mouillure dans la plus grande partie du gascon de la plaine et se prononce comme un simple *t*. Ex. : *BELLU > bèth/bèt* (beau) ; *VITELLU > vedèth/vedèt* (veau) ; *BETULLU > bedoth/bedot* (bouleau) ; *AGNELLU > anhèth/anhèt* (agneau) ; *CASTELLU > casièth/castèt* (château), etc. ;

b) En position intervocalique, *-ll-* aboutit à un *r* simple. Ex. : *BELLA > bèra* (belle) ; *BULLIRE > borir* (bouillir) ; *GALLINA > garia* (poule) ; *DEVALLARE > devarar* (descendre) ; *ILLA > era* (art. la).

Ce traitement est à peu près unique dans les langues romanes. Seuls, certains parlers du sud de l'Italie (Calabre, Sicile) et le sarde connaissent des faits phonétiques qu'on pense pouvoir mettre en parallèle avec les faits gascons.

5. Signalons encore le passage des groupes *mb*, *nd* à *m*, *n*, qui rapproche le gascon du catalan et même, pour *mb > m*, du castillan. Ex. : gaulois *CUMBA > coma* ; *CAMBA > cama* (jambe) ; *PALUMBA > paloma* (pigeon sauvage). Gaulois *LANDA > lana* (lande) ; *INTENDERE > enténer* (entendre) ; **TONDERE > tóner* (tondre) ; germanique *STUNDA > estona* (moment), etc. Des phénomènes analogues se retrouvent aussi en Italie du Sud.

6. Le gascon, comme le catalan, a conservé dans les groupes latins *qu* et *gu*, la semi-consonne *w* (comme dans le franç. quadrupède prononcé : kwa-). Ex. : *QUATTUOR > quate* (kwate) ; *QUANDO > quan* (kwan) ; *QUARTU > quart* (kwart). *LINGUA > lenga* et *lengua*, mais les dérivés sont souvent en *gw* : *lenguatge, lenguarda* (bavarde).

7. Le *-l* final se vocalise en : *-u* [w] formant diphtongue avec la voyelle précédente. Ex. : *SAL > sau* (sel) ; *MEL > mèu* (miel) ; *MALU > mau* (mal) ; *FILU > hiu* (fil), etc. Prononcer : *saw, mèw, maw*, etc. Mais ce trait n'est pas carac-

téristique du seul gascon puisqu'on le retrouve, comme nous l'avons vu, en languedocien oriental, en provençal, en limousin et en ancien français (devant un *s* de flexion).

Ajoutons à ces traits la prononciation *b* du *v* latin : *vin* = [*bi(n)*] ; *vaca* = [*bako*], etc., trait également lang. et castillan. On connaît la fameuse phrase de Scaliger qui appelait l'Aquitaine un heureux pays, parce que, pour ses habitants, *bibere est vivere*. Signalons enfin le traitement particulier du suffixe : *-ariu* qui donne : *-èr, -èra* en gascon, comme en catalan, au lieu de : *-ièr, ièra*, comme dans le reste de l'Occitanie.

b) *Morphologie*. — Au point de vue morphologique, l'originalité du gascon est moins sensible que dans le domaine de la phonétique. Mais elle se manifeste néanmoins d'une manière fort claire, surtout en ce qui concerne les flexions verbales. Signalons, en particulier, les imparfaits (3ᵉ personne du singulier) en : *-è*, ou *-èva* (pron. : *-èwo*) pour les verbes à infinitif en : *-'er* et *-er*, et en : *-iva (-iwo)* pour les verbes en : *-ir*. Ex. : *arrider* (rire) ; imp. : *arridè* ou *arridèva* ; *voler* (vouloir) : imp. : *volè* ou *volèva* ; *dromir* (dormir) : imp. : *dromiva*. Ces désinences s'opposent nettement aux désinences du reste de l'occitan qui sont en : *-iá* (pron. *-yo* ou *yé*). Ex. : *risiá* (il riait) ; *voliá* (il voulait), *dormiá* (il dormait). Intéressantes aussi sont les désinences du parfait, qui ont été étudiées en détail par Jean Bourciez. Au lieu des parfaits en : *-èt* (ou *èc*) du languedocien, valables pour les diverses conjugaisons (ex. : *cantèt/cantèc* ; *batèt/batèc/bateguèt* ; *floriguèt/ floriguèc*), le gascon a des désinences tout à fait originales en : *-è* ou : *-à* pour la première conjugaison (ex. : *cantè/cantà*), en : *-ó* ou *-oc* (pron. *ou, ouk*) pour la deuxième (ex. : *arridó/ arridoc* : il rit) ; en : *-i* pour la troisième (ex. : *dromi*). Signalons encore des types très curieux de conditionnels exprimant, dans le gascon pyrénéen, des nuances de sens souvent très précises, et un passé du subjonctif, spécifique du béarnais, qui traduit un futur par rapport à une action passée. Citons enfin les formes très particulières de l'article pyrénéen : *eth, era* (au lieu des formes de l'occitan moyen : *lo* et *la*), qui représentent une évolution intéressante du latin : *ille, illa*, avec conservation de l'élément tonique.

c) *Syntaxe*. — Un trait intéressant du gascon est, du point de vue syntaxique, la précession, dans les propositions indépendantes ou principales, de particules dites « énonciatives » dont les valeurs, différentes à l'origine, tendent parfois à se confondre dans la langue moderne. Ces particules *(que, be* ou *b', ja, e)* sont d'un emploi presque constant en gascon et constituent ce qu'on appelle communément des « explétifs », dont le seul rôle est de renforcer l'énonciation. Quelques exemples feront mieux comprendre : *Auèi (que) hè calor* « aujourd'hui il fait chaud » ; *(B') ac vòs ?* « le veux-tu ? » *(ja) i vau* « j'y vais » ; *(e) l'as entenut ?* « l'as-tu entendu ? ».

d) *Lexique.* — Le lexique gascon est à peu près le même, dans son ensemble, que celui de tout le gallo-roman méridional. Mais ce dialecte possède en plus un nombre assez important de mots dont ni le latin ni le gaulois ne rendent compte. Ces vocables, vestiges probables d'un vieux fond lexical aquitano-pyrénéen s'étendant de part et d'autre des Pyrénées, sont surtout des noms de plantes et d'animaux, ou des noms désignant la configuration du terrain ou appartenant à la terminologie pastorale. Le basque actuel a permis, semble-t-il, d'en identifier un assez grand nombre : un philologue allemand, G. Rohlfs, a étudié de près ce problème. Citons par exemple : *avajon* « myrtille » ; *jordon* « framboise » ; *lagast* « tique » ; *harri* « crapaud » ; *sarri* « isard ».

Mais comment expliquer l'originalité linguistique du gascon ? A quoi correspond d'abord la délimitation géographique de ce dialecte ? Nous avons déjà signalé l'importance du *thalweg* garonnais comme ligne de démarcation. Mais il est évident qu'un fleuve ne suffit plus, depuis longtemps, à créer une fragmentation linguistique aussi importante que celle que nous venons d'exposer. Cette différenciation est donc très ancienne et repose manifestement sur une spécificité ethnique. Chacun sait que les historiens anciens s'accordent pour constater la présence en Gaule de peuples différents les uns des autres aussi bien par la langue que par les institutions. Au temps de César et au Ier siècle après J.-C., les Aquitains, qui avaient dû s'étendre autrefois tout le long de la chaîne pyrénéenne, se distinguaient nettement des Celtes, ou de populations plus ou moins celtisées, dont ils étaient séparés *grosso modo* par la Garonne. On se rappelle la phrase de César : « Gallos ab Aquitanis Garumna flumen dividit. » Cette Aquitaine proprement dite, nommée d'abord *provincia aquitania tertia*, puis « Novempopulanie », fut enfin désignée sous le nom de *Vasconie*, du nom des *Vascons*, peuple hispanique, ancêtre des *Gascons* actuels, qui fit au cours du vi[e] siècle de fréquentes incursions dans le sud-ouest de la Gaule.

C'est donc cette spécificité ethnique qui explique les caractères particuliers du gascon et sa parenté, à laquelle nous avons fait de nombreuses allusions, avec les parlers hispaniques (catalan, castillan, aragonais, portugais) et avec l'euskarien. On pense en effet que la langue des Aquitains était de la même famille que celle des Basques actuels et que son domaine devait s'étendre, du temps de César et de Strabon, à peu près sur tout le territoire où l'on parle aujourd'hui gascon. C'est cet idiome, supplanté par le latin populaire, mais toujours sous-jacent, qui a donné au gascon son système phonique très original et ce fond lexical particulier dont bien des éléments se retrouvent aussi de l'autre côté des Pyrénées.

D) *Le catalan.* — L'appartenance linguistique du catalan a fait l'objet de nombreuses controverses que nous ne pouvons rappeler ici. Doit-on le considérer en effet comme faisant partie du domaine occitan et en conséquence du gallo-roman, ou au contraire le compter au nombre des parlers hispaniques et le rattacher à l'ibéro-roman ? Si l'on tient compte, d'une part, de son domaine géographique, il est bien entendu que le catalan est une langue ibéro-romane puisque, exception faite du Roussillon et de la Cerdagne, il couvre toute la bande orientale de la péninsule ibérique, jusqu'à Elche, au sud de Valence. Mais si, d'autre part, on l'examine dans sa spécificité linguistique, on est bien obligé de reconnaître qu'il présente avec l'occitan (occitan moyen) d'extraordinaires ressemblances : ressemblances naturelles renforcées par une communauté culturelle et politique pendant une bonne partie du Moyen Age. Il est difficile en outre de séparer le catalan de l'occitan si l'on n'accorde pas le même sort au gascon qui, nous venons de le voir, présente une originalité vraiment remarquable. Il semblerait même que le catalan (littéraire du moins) soit plus directement accessible à un Occitan moyen que certains parlers gascons comme ceux des Landes ou des Pyrénées. Le problème, en réalité, a été entaché de considérations extra-scientifiques plus ou moins conscientes, l'appartenance à des états différents des deux entités linguistiques ayant bien souvent troublé la claire vision des choses. Toute classification, d'autre part, est par définition arbitraire et demande toujours beaucoup de souplesse. Celle que nous avons donnée plus haut des langues romanes résout le problème en admettant pour le catalan une position intermédiaire entre le gallo-roman et l'ibéro-roman, position qu'il n'y aurait aucun inconvénient à accorder aussi au gascon. Quoi qu'il en soit, le plus simple serait peut-être d'admettre un ensemble *occitano-roman*, intermédiaire entre le gallo-roman proprement dit et l'ibéro-roman, ensemble qui comprendrait donc, comme nous venons de le montrer : l'occitan méridional, le nord-occitan, le gascon et le catalan (1). Les désignations de *gallo-roman méridional* ou d'*ibéro-roman oriental* auraient ainsi une signification plutôt historico-géographique que linguistique.

De toute façon, il faut tenir compte aussi du fait que le catalan a été pendant des siècles l'expression externe d'un pouvoir politique et d'une hiérarchie

---

(1) Cf. *supra* notre classification des langues romanes, p. 8.

ecclésiastique conduisant peu à peu à la création d'un noyau culturel totalement indépendant du sud de la France, à partir du XIIIe siècle et aussi, de par sa vitalité propre et jusqu'à aujourd'hui, indépendant de la culture castillane (Griera).

Mais la parenté linguistique et culturelle entre Catalogne et Occitanie est demeurée très étroite, surtout depuis les deux Renaissances (cf. ci-après).

Voyons donc ce qui caractérise le catalan par rapport à l'occitan moyen, en particulier le languedocien :

1. Non-palatalisation en *ü* du *u* latin, comme en espagnol. Ex. : *madur* et non *madür* comme en occitan, *lluna/lüna* « mûr, lune » ;

2. Non-diphtongaison de *ĕ* et de *ŏ* brefs devant yod qui aboutissent à *i* et *u* en cat. Ex. : occ. *lieit, uelh* / cat. *llit, ull* « lit, œil » (1) ;

3. Inflexion de la diphtongue *ai* en *èi*, puis monophtongaison. Ex. : occ. *lait, fait* / cat. *llet, fet* < *LACTE, FACTU* ;

4. Monophtongaison de la diphtongue latine *au* (cf. esp.). Ex. : occ. *caul, causa* / cat. *col, cosa* < *CAULIS, CAUSA* ;

5. Chute du *-z-* interv. avant l'accent. Ex. : occ. *posal, rason, disiá* / cat. *poal, raó, deia* « seau, raison, disait » ;

6. Passage du *-d* final latin (anciennement interv.) à *-u*. Ex. : occ. *pè, sei, crei* / cat. *peu, seu, creu* < *PEDE, SEDET, CREDIT* ;

7. Même traitement de l'affriquée finale *-tz*. Ex. : occ. *potz, votz, cantatz* / cat. *pou, veu, cantau* (> *canteu*) « puits, voix, chantez » ;

8. Palatalisation des géminées latines *ll* et *nn*, aboutissant à *ly* et à *ny*, comme en espagnol. Ex. : occ. *bèla, cana* / cat. *bella, canya* < *BELLA, CANNA* ;

9. Réduction à *m, n* des groupes *mb, nd*, comme en gascon. Ex. : occ. *comba, benda* / cat. *coma, bena* « vallée, bande » ;

10. Conservation de la labio-vélaire *w* dans les groupes latins ou romans *kw* et *gw*, comme en gascon. Ex. : occ. *quatre, gardar* / cat. *quatre* [*kwatré*], *guardar* « quatre, garder » ;

---

(1) En réalité, il y a eu aussi, probablement, diphtongaison, à date pré-littéraire, avec formation de triphtongues : *iey, ŭoy*, qui ont ensuite perdu leur élément médian comme en français : LECTU > *lleyto* > *llit* ; NOCTE > *nŭoyte* > a. cat. *nuit*.

11. Palatalisation de *l-* initial en *ly* (noté *ll*). Ex. : occ. *luna, lei* / cat. *lluna, llei* « lune, loi ».

Les caractères 3, 9 et 10 sont communs avec le gascon. On peut ajouter à ces traits, outre une certaine originalité du lexique (mais pas plus qu'en gascon), une énergie particulière de l'articulation consonantique jointe à une neutralisation des voyelles atones ; mais surtout une intonation, un rythme de phrase assez différents de ceux de l'occitan moyen.

II. — Structuration supra-dialectale de l'occitan

Au-dessus des limites fondamentales qui viennent de servir de base à notre discrimination interdialectale peuvent être choisis d'autres critères caractéristiques qui diviseront le domaine occitan dans son ensemble, transcendant ainsi les grands dialectes et consacrant une fragmentation de la langue d'oc définie, non plus par rapport à ces dialectes, mais en fonction de l'entité occitane tout entière.

Nous choisirons donc quelques traits, parmi les plus spécifiques, qui nous permettront de distinguer trois grands complexus dialectaux : 1º Un occitan *aquitano-pyrénéen* (centré autour du gascon) ; 2º Un occitan *arverno-méditerranéen* (nord-occitan, prov.) (cf. fig. 2) ; 3º Un occitan *central* ou *moyen*.

1. **L'occitan aquitano-pyrénéen.** — Ce complexus, centré autour du gascon, est particulièrement conservateur ; il comprend le domaine gascon proprement dit et le languedocien pyrénéen (toulousain, fuxéen, carcassonnais, donésanais, la plus grande partie du narbonnais) : soit une aire approximativement limitée au nord par une ligne Bordeaux-Narbonne. C'est le complexus le plus « ibérique » de l'ensemble occitan. En voici les traits typologiques essentiels :

1. *fach/fait*. — On sait qu'une des caractéristiques du galloroman et de l'ibéro-roman est le passage de *ct* latin à *yt*, probablement par l'intermédiaire d'un phonème analogue au *ch* allemand de *ich*, noté généralement par un *khi* grec.

On a donc eu successivement : *FACTU* > [*faxto* > *fayto*]. Cette évolution, que certains linguistes (v. Wartburg) ont attribuée à un substrat celtique (elle est directement attestée en gaulois), atteint également, quoique d'une manière moins nette, le rhétique et le haut-italien.

En occitan, l'évolution *FACTU* > *fayto* se présente sous l'aspect de deux aboutissants secondaires : ou bien, *yt* se maintient tel quel (*FACTU* > *fait/fèit/hèit* en gascon ; *LACTE* > *lait/lèit*) ; ou bien, il y a palatalisation du *t* par le yod, puis absorption de ce dernier ([*fayto* > *faytš* > *fatš*]). Si bien que le domaine occitan se trouve, de ce point de vue, divisé en deux parties bien distinctes (cf. fig. 2). On a d'une part : *fait*, *lait*, *ueit* (< *OCTO*), *nueit* (< *NOCTE*), *lieit* (< *LECTU*) et, d'autre part : *fach*, *lach*, *uech* (/*uôch*), *nuech* (/*nuôch*), *liech*.

On peut remarquer sur la carte que l'absence de palatalisation de *yt* est, dans l'ensemble, un phénomène aquitano-pyrénéen (gascon, langued. pyrénéen, catalan). La plupart des idiomes hispaniques l'ignorent également (portugais, galicien, catalan, aragonais, asturien et léonais en partie). Seul, le castillan l'a généralisée *(leche, hecho* < *LACTE*, *FACTU)*. On ne peut manquer de mettre ce phénomène en parallèle avec la palatalisation *ca* > *cha* (cf. ci-dessus) : on voit en effet que la résistance à cette deuxième palatalisation est localisée elle aussi, et plus encore que la première, dans l'extrême sud du domaine.

2. *bako/vako*. — Un autre phénomène, d'origine aquitano-pyrénéenne, mais qui s'est irradié, est représenté par l'absence, dans une partie du domaine occitan, de la labio-dentale *v* (*v* franç. de *vin*), correspondant au *v* ou au *b* interv. latins. Ce phonème y a en effet abouti à *b* (soit un *b* occlusif à l'initiale absolue, soit un *б* fricatif ou un *w* : gascon, en position intervocalique). On a donc, d'une part : [*bako*, *laбo*] ou [*lawa*, *faбo/hawo*] (gascon) et d'autre part : [*vako*, *lava*, *favo*] < *VACCA*, *LAVARE*, *FABA*. Ce phénomène, on le voit, transcende les limites du gascon, du catal. et du langue-docien et atteint même une portion du nord-occitan.

3. *Inflexion ay* > *èy*. — L'aquitano-pyrénéen infléchit le *a* accentué en *è* au contact d'un yod. Ex. : *LACTE* > *lait* > *lèit* ; *FACTU* > *fait* > *fèit/hèit*. Ce phénomène, de même que le précédent, annonce les parlers ibéro-romans (esp. *leche*, *hecho* ; port. *leite*, *feito* ; cat. *llet*, *fet*) (1).

(1) On le retrouve néanmoins à l'extrême nord du domaine, en relation avec le phénomène français.

4. *Conservation des consonnes finales et de -s de pluriel.* — L'aquitano-pyrénéen se distingue par son conservatisme en ce qui concerne l'articulation des consonnes finales. Ex. : *gat*, plur. *gats* ; *cantat*, plur. *cantats* ; *lop*, *bèc* ; *vacas* / prov. *ca(t)*, *ca(ts)*, *canta(t)*, *canta(ts)*, *lo(p)*, *bè(c)*, *vaca(s)*.

5. *Pas d'affriquées provenant de* I *consonne* (J), G + e, i *et* DI *latins*. Ex. *jogar*, *getar*, *jorn* (pron. [juga, jéta, jur] ou [yuga, yéta, yur]). Le reste du domaine possède une affriquée de type *dj* à réalisations diverses : *dj*, *tš*, *ts*, *dz* : [djuga, djéta, djur] < *JOCARE*, **JECTARE*, *DIURNU*.

6. Palatalisation en [š] du groupe roman -IS- (type *paréisher*, *peish* contre *paréisser*, *peis*).

7. En liaison avec 4, solidité des structures morpho-syntaxiques anciennes (article, pluriel, flexion verbale, etc.).

8. Désinence -*i* comme seule marque de la 1re pers. sing. prés. ind. (type *canti*, *bati*, *vesi* contre : *cante*, *bate*, *vese*).

9. Marque prépositionnelle de l'objet direct (*l'aimi a mon paire* « je l'aime à mon père »).

2. L'occitan arverno-méditerranéen. — Il est curieux de constater que le groupe conservateur aquitano-pyrénéen est entouré d'une bande plus évolutive dans son ensemble (à part quelques îlots archaïsants comme le *niçard*, le *gévaudanais* et le *vivaro-alpin*) qui joint l'arverno-limousin au provençal méditerranéen. Cette masse comprend : *a)* Le nord-occitan (cf. *supra*) ; *b)* La partie orientale de l'occitan méridional, soit le provençal *stricto sensu* (cf. *supra*). Ses traits typologiques essentiels sont les suivants :

1. Palatalisation du groupe latin -CT- : type *fach* (cf. *supra*).
2. Réalisations affriquées de type [dj] (cf. *supra*).
3. Opposition phonologique pertinente de /b/ et de /v/.
4. Chute des consonnes finales et -*s* de pluriel (à l'exception du vivaro-alpin plus conservateur ;
5. Vocalisation des produits de -L et de -LL finals (type *ostau*, *vedeu* contre *ostal*, *vedèl*) ;
6. Tendance à la disparition de la réalisation apicale (*r* roulé) du phonème /r/ : articulation restée beaucoup plus solide en aquitano-pyrénéen et en occ. central ;
7. Tendance, bien que plus rare en provençal, à la chute du -*z*- intervocalique (< -S- ou -D- latins). Ex. lim. *auvir*, *lauveta*, *lauvar* pour *ausir*, *lauseta*, *lausar* < *AUDIRE*, **LAUDETA*, *LAUDARE* ; prov. maritime [pévu/péw] < *PEDUCULU* « pou », [kawvo/kavo] < *CAUSA* « chose », à côté de l'occitan standard *pesolh*, *causa* ;
8. En relation avec 4, restructurations diverses des pro-

totypes morpho-syntaxiques (article, pluriel, flexion verbale, etc.).

9. Ample prédominance de la désinence -e à la 1re pers. sing. des verbes : prés. ind. *cante, bate, vese, florisse* ; imparf. ind. *cantave* ; prétérit *cantère, batère, veguère, floriguère* (1). Ce trait recouvre *grosso modo* la Provence (moins le provençal central qui a -*i*), le domaine du languedocien oriental, l'Auvergne et la majeure partie du Rouergue et du Limousin (2).

3. L'occitan central ou moyen. — Entre ces deux complexus dialectaux, la portion septentrionale et nord-orientale du languedocien peut être considérée comme l'*occitan moyen* ou *central* et, dans une dynamique socio-linguistique, comme l'*occitan standard* (3). En voici les traits typologiques essentiels qu'il partage avec les deux grands complexus sus-mentionnés:

1. *Traits arverno-méditerranéens :*

a) Palatalisation de type *fach, facha* ;
b) Réalisations affriquées de type [dj]/[tš] ;
c) Désinence -*e* de *cante*, etc. (nord-est du domaine).

2. *Traits aquitano-pyrénéens :*

a) /b/ et /v/ confondus en /b/ : à l'exception d'une bande étroite du langued. oriental qui a /v/ ; l'extension de /b/ mord en revanche une partie de l'arverno-méditerranéen (toute la Lozère et une partie du Cantal) ;
b) Solidité des consonnes finales et intervocaliques ;
c) En relation avec b), solidité des structures morpho-syntaxiques originelles (cf. *supra*).
d) Désinence -*i* de *canti*, etc. (sud-ouest du domaine).

A ces caractères, que l'occitan moyen partage avec les deux grands ensembles, il faut en ajouter deux autres qui lui sont spécifiques (comme à la masse languedocienne) : 1) la non-vocalisation de -*l* final : *ostal, sal, mal, mèl (< HOSPITALE,*

---

(1) Nous rappelons que le vivaro-alpin a a -*o* [u] : *chanto, chantavo*, comme en francoprovençal (cf. *supra*).
(2) Il y aurait à envisager aussi certains phénomènes septentrionaux proprement dits : limite nord de la conservation du -*d*/*z*- (type *sudar/suar* « suer »), et de celle du *s* dans les groupes *sk, st, sp*. Mais ces phénomènes, nous l'avons vu, caractérisent bien le nord-occ. dans son ensemble et n'interfèrent pas avec une fragmentation est-ouest du domaine (cf. carte n° 3).
(3) La portion méridionale du languedocien, nous l'avons dit, le *languedocien pyrénéen*, fait partie de l'aquitano-pyrénéen ; elle constitue le « pont » naturel entre gascon et catalan.

SALE, MALU, MEL). Ce trait est essentiellement langued., bien qu'il effleure un peu le nord-occitan et soit absent d'une petite partie du dialecte, à l'est. L'occitan central (et l'ensemble langued.) offre là, avec le catalan, un îlot de conservatisme notable, en face du gascon, du nord-occitan et du provençal, qui vocalisent le *-l* : *ostau, sau, mau, mèu/miau*.

2) L'absence de nasalisation des voyelles au contact d'un ancien *N* latin devenu final. Ex. [pa, vi, dema] « pain, vin, demain ». Ce phénomène couvre à vrai dire une aire centrale qui dépasse le languedocien, puisqu'il concerne aussi le catalan et coupe en deux le nord-occitan ; mais il constitue un trait oppositionnel net entre le gascon à l'ouest, et le provençal à l'est. Ces dialectes périphériques en effet (gascon, moins le béarnais, langued. oriental, prov., vivaro-alpin) ont une voyelle légèrement nasalisée avec une résonance consonantique plus ou moins accusée selon les parlers : [pâṅ, vîṅ, démâṅ]. Cette nasalité est toutefois assez différente de la nasalité française (cf. *supra*) (1).

III. — Textes

Pour donner un échantillon des différents dialectes d'oc, nous avons choisi un extrait de la parabole de l'*Enfant prodigue*, texte qui a déjà si souvent servi de réactif à diverses enquêtes et études dialectologiques. Ce texte est transcrit selon une graphie phonétique simple, valable pour tous les dialectes, et dont voici les points essentiels :

e : *é* fermé (fr. *été*) ; è : *è* ouvert (fr. *tête*) ; u : *ou* (fr. *pou*) ; ü : *u* fr. *(pur)* ; ŏ : *eu* fr. *(jeu)* plus ou moins ouvert ; à : *a* vélaire, presque *o* ; o : *o* ouvert (fr. *port*) ; ə : *e* neutre du catalan.

ɓ, δ, γ : fricatives correspondant aux occlusives *b, d, g* ; ṅ : *n* vélaire (angl. *king*, all. *singen*) ; λ : *l* vélaire (angl. *call*) ; š : *ch* fr. *(chat)* ; tš : *ch* anglais *(much, chap)* ; dj : *j* anglais *(jam)* ; le *y* derrière une consonne indique sa mouillure : ty, ly (ital. *figlia*, esp. *llano*), ny (fr. *vigne*) ; la voyelle

---

(1) On retrouve cependant les conditions languedociennes (pas de vocalisation de -*l*, pas de nasalisation) dans certains parlers du comté de Nice.

en gras indique l'accent tonique, l'accent circonflexe la nasalité des voyelles (ex. : â, ô, û).

Voici d'abord le texte français :

Un homme n'avait que deux fils. Le plus jeune dit à son père : « Il est temps que je sois mon maître et que j'aie de l'argent ; il faut que je puisse m'en aller et que je voie du pays. Partagez votre bien et donnez-moi ce que je dois avoir. » — « O mon fils », dit le père, « comme tu voudras ; tu es un méchant et tu seras puni ». Et ensuite il ouvrit un tiroir, il partagea son bien et en fit deux parts.

Quelques jours après, le méchant s'en alla du village en faisant le fier et sans dire adieu à personne. Il traversa beaucoup de landes, de bois, de rivières, et il arriva dans une grande ville où il dépensa tout son argent. Au bout de quelques mois, il dut vendre ses habits à une vieille femme et il se loua pour être valet : on l'envoya dans les champs pour y garder les ânes et les bœufs. Alors il fut bien malheureux. Il n'eut plus de lit pour dormir la nuit ni de feu pour se chauffer quand il avait froid. Il avait quelquefois si faim qu'il aurait bien mangé ces feuilles de chou et ces fruits pourris que mangent les porcs ; mais personne ne lui donnait rien.

Un soir, le ventre vide, il se laissa tomber sur un tronc ; et il regardait par la fenêtre les oiseaux qui volaient légèrement. Et puis il vit paraître dans le ciel la lune et les étoiles et il se dit en pleurant : « Là-bas, la maison de mon père est pleine de valets qui ont du pain et du vin, des œufs et du fromage tant qu'ils en veulent. Pendant ce temps, moi, je meurs de faim ici. »

LANGUEDOCIEN (OCCITAN CENTRAL) (1)

ün **o**me ab**yo** pas ke duy dr**o**lles. lu pü ts**u**be di**èt** a sum p**ay**re : « ez **u**ro per yew de me guberna sul e d abe d arts**e**n ; me kal p**u**de parti e b**e**ze de pa**i**s. despartis**ès** lu b**o**stre be e dunay-me so ke dibi abe. » — « o mu fil », di**èl** lu p**ay**re. « k**u**mo buldr**a**s tü ; syoz üm marr**i**t e seras kasti**a**t ». ap**èy** dürbi**èt** üno tir**e**to, desparti**èl** lu sew be e ne fa**èd** dos pars.

k**a**lkey tsunz apr**èp**, lu m**a**rrit sen ang**èd** dal bil**a**tse en se k**u**flen e san dire adiw a di**ü**s. trab**e**sèt f**o**rsoy b**u**zios, f**o**rsey b**o**skes, f**o**rsoy riby**è**yros, e arrib**èd** dinz üno gr**a**ndo b**i**lo un emes**èt** tul l arts**e**n. al kad de k**a**lkey m**e**zes, kalg**è**k ke

---

(1) Traduction de Raymond CHABBERT.

bendèso la fardo a üno byèlyo fenno e se luèp per baylet :
lu mandèru pes kans garda luz azez e luy byows. alaroy suèp
pla malerus. atsèp pay may de lèyt per durmi la nèyt ni de
fyok per se kalfa kant abyo frets. abyo kalke kop talomen
talen k awryo pla mantsadoz akeloy fèlyoy de kawlet e akelo
frütso kufido ke mantsu lus pors ; mèy diüz ye balyabo pa res.

ün ser, lu bentre trèwlye, se daysèt tumba süz ün rul ;
e agatsabo pel la fenèstro luz awsèls ke bulabu lawtsèyromen.
apèy betsèp pareyse din lu sèl la lüno e laz estèlos e se dièt
em pluran : « enla l ustal del payre es ple de baylets k ow
de pa e de bi, d yowz e de furmatse tań ke bolu. D akel tens,
yew aysi murisi de fan. »

(Parler d'Albi.)

PROVENÇAL RHODANIEN (1)

ün ome avye rèń ke dus fyew. Lu pü dzuyne digè a sum
payre : « ey tèń ke füge mum mèstre e k age de sow ; fow
ke poske menana e ke vege de pais. partadza voste bèń e
duna-me so ke düve age. » — « O mun fyew », fagè lu payre,
« kume vudras ; syez üm mari e saras püni ». e pyèy dürbigè
ün tiradu, partadzè sum bèń e nèń fagè dos par.

kowki dzur pyèy lu mari senanè du viladze en fazê lu
faro e senso dire adyew a degüń. atravesè forsa planüro
bos e rivyèro e arivè dinz üna gran vilo munte despensè
tuti si sow. aprè kowki mes dügè vèndre siz abiyadze an
üna vyèya fümo e se lugè pèr nyaro. lu mandèron dî li tèro
pèr ye garda liz aze e li byow. aduń fügè bèm malürus. agê
pü dzi de ye pèr durmi la nyö ni may de fyo pèr se kowfa
kuro avye fre. avye de ko tan fań k urye bèm mandza akeli
fyöyo de kule e akeli früteo purido ke mandzô li por may
degüń ye dunavo rèń.

ün vèspre, lu vèntre vyödze, se lisè tumba süń to d awre
e agatsavo pèr la fenèstro liz usèw ke vulavô ludzyèrameń.
e pyèy vigè parèyse dî lu sèw la lüno e liz estèlo e se digè
em plurań : « ila l ustaw de mum payre ei plen de nyaro k
an de pań de viń d yow e de frumadze tań kumo nen voloń.
enteriń yèw more de fań iysi. »

HAUT-AUVERGNAT (2)

en ome abyè ma duy garsu. lu pyü dzuyne dyigè a sum
payre : « lu mumê iy bendyü ke šèye mum mèstre è ke aje d

---

(1) Traduction de Robert LAFONT.
(2) Traduction de Pierre NAUTON, auteur de l'*Atlas linguistique et ethnographique du Massif central*.

arjê ; tsa ke pŏše menana è ke beje de payis. partadza buste bê è bela-me so ke dyübe abèdre. » — « o mun garsu », dyigè lu payre, « kuma budras ; šèz em mešŏ è saras pünyi ». è pŏysa badè en tyiradu, partadzè sum bè è nen fagè duy mursèy.

kowke dzurz après, lu mešŏ senanè diy byiladje â fazè lu fyèr è son dyire arabeyre a dendyüs. trabersè en trupèy d abyudje de bwos de ribèyra è aribè dyink ena gronda byila è yi despèsè tuta sun arjê. kowkiy mez après, dyügè bendre sun abyi a na byèya fêna è s ayüdzè p èstre mesadje. sagè embuya dyî les pastyüradje pe garda lez aze è liy byèw. adûka sagè byèm malirus. agè pyüy de lèy pe dürmyi la nöy ni may de fyo pe se tsufa kond abye friy. de kos ke yo abye talamê fô k uye byèm mandza kelas fŏya de tsaw e kelas frütas peridas ke mondzû les pwor. mè dendyüy nyi belaba djis.

en sera, lu bentre byide, se liysè tumba subr en tros è aziymè pe la fenèstra lez uwsèy ke bulatedzabû. è pŏysa begè iy ša la yüna e laz estyala e se dyigè am plurè : « alay l usta de mum payre es ple de mesadje k on de po de byi de kakaw è de frumadje toṅ ke nem bolu. è yèw krèbe de fŏ iyši. »

(Parler de Saugues, Haute-Loire.)

BAS-LIMOUSIN (1)

ön ome àvyà ma dow fyir. Lu pü zàwne dyiše à šû pèy : « ey tê k yàw šyà mû mèhtre e k aze de l arzê. sow ke pŏse men àna e ke veze dèr pàyi. partyiše vàhtre be e duna-me šà ke devyi àve. » — « o mû fyir », dyiše lu pèy, « kumà vudra ; šej ĕ meysè e šira pünyi ». pèy drübige ünà tyiretà, partyige šû be e nê fàge dwa par.

kowkey zur àpre, lu meysè šen àne dèr vyilàze ê fa lu gluryu e šê dyir àdyew à degü. tràvèrše fàršà dàrjena bo ryibyeyra e àryibe dyij ünà grâdà vyilà û deygàye tu šun arzê. àr sa de kowkey mey dege vêdre šuj abyi à ünà vyeyà fênà e še lüze pèr èše vale. lu mâderu dyi low šû pèr yi garda luj ajey e low byaw. àdû füge plà màleyru. n àge pü de ye pèr dürmyi là nö nyi fö pèr se sowfa kât àvyà fre. à bew ko àvyà talàmê fû k owryà be mîzà kela fŏya de saw e kew frü pweyryi ke mîzu low gànyow, ma degü yi dunavà re.

ön šer, lu vêtre bweyde, še leyše tûba šür ünà trûšà e àvyijavà pèr là fenèhtrà lowj owjew ke vulavu lewzyeyràmê. pèy vege pàrèyše dyi lu šyar là lünà e laj eytyala e še dyiše ĕ

(1) Traduction de Joseph Migot.

pürâ : « alèy là meyzu de mû pèy ey plenà de valey k aw dèr po e dèr vyi, dowj yaw e de là tumà tâ ke nê volu. dàkermêtre yàw eyši moryi de fû. »

VIVARO-ALPIN (1)

ê ome oyo ma dus gorsus ; lu plü dzweyne dygèt o sû payre : i tês ke sitsu mû mèstre e ke ayu d ordzêt ; tsa ke potsu mê ona e ke vezu de poyis. portodza vostre byên beyla me so ke deve ovèr . mû efât dyigèt lu payre kumo vudràs syaz ê mestsât e seras pünyi. e pei bodèt ê tirât, portodzèt sû byê e nê fogèt dwas part Kowki dzurz oprès lu mestsât sê onèt dou vilodze ê fozêt lu fyèr e sâ dy ire odyeu o dêdüs. Troversèt byaukop de tsâpèstres de bwes, de rius e oribèt ê üno belo vilo ut despêsèt tut sû ordzent kouki mes oprès deupugèt vêdre suz obits obe no veyo fêno e prêgèt eno plaso de volet. Lu manderâ per lu pras pèr sunya luz ani e lu béus Odûkas segèt byê maleyrus. Ogèt dzis de leyt per dèrmi lo neyt nyi de fyok per se tsoufa kont oyo freit . De fi ke yo oyo be tâ fwâ ke auyo be mâdza okela féyas de tseu o okelo früto püryo ke mâdzâ lu kayus ma dêdyüs yi beilavo ret. ê sero, lu vêtre vwide se leisèt tûba süz ê sutsu ; sunyèt pèr lo fenêstro luz oudzyaus ke vulavâ lyudzeyramèt ; e peis vegèt porise ou sya lo yüno e loz estyalos e su digèt ê plurât : ovo lo meyzu de mû payre i pleno de vali ke â de po e de vi e d ews e de frumadze tât ke nê volâ pêdêt ke tês yeu mere de fwâ eysi.

GASCON (2)

ün ome n awèwo pa ke δüs hils. lu mè jwen diɣuk a sum pay : « k e tens ke syoy mum mèste e k awjoy arjen. ke kaw ke puškoy men ana e ke beygoy pais. partaddyats boste beń e ɓalyam-me so ke δiwi awe. » — « tšò, muń hily », diɣuk lu pay, « kumo ɓulyes. k èz üm mašan e ke seras pünit ». laɓets dawreškuk ün tirwèr, ke partaddyèk sum beń e ke-ú haskuk düos pursyus.

pawk de jurs après, lu mašan sen aṅguk du biladdye en hè du fyèr e sanse δize aδiw a diɣuṅ. ke trawersèk bèkkop de lanos, bos, rriɓèros e ɓeṅguk denz üo gram bilo, dun despensèk tut sun arjen. aw kap de kawkez mes, ke δiuk bene sa hardo a üo byelyo henno e se luɣèk end esta ɓaylet.

(1) Parler de la vallée du Lignon (Haute-Loire), transmis par Yves Gourgaud, d'après une version de l'abbé Delaigue.
(2) D'après J. BOURCIEZ, *Recherches historiques et géographiques sur le parfait en Gascogne*, Bordeaux, 1927, p. 247.

lembuyèn aws kams end i warda luz azus e luz bwows.
laβets k estèk rreðe malerus. nawuk pa mè de lèyt ende
drome la nèyt ni ðe hwek ende se kawha kan hazèwo fret.
k awèwo kawke kop ta grań hame ke s awre byem minyat
akeros hwelyos de kawlets e akets früts puyrits ki minyon
lus pors. mès diẏüń nu lu balyawo arre.

ün se, lu βente βuyt, kez dešèk kayje ser üo suko en tut
espia pèr la frinèsto luz awzèts ki βulawon lewjèromen.
aprè ke βeyguk parese den lu sèw la lüo e lus lügrans e se
ðiẏuk en tup plura : « lahoro la mayzun de mum pay k e
pleo ðe βaylets k am pań, bin, wèws, furmaddye tań ke m
boń. dementre ju ke murisi ðe hame. »

(Parler de Valence/Baïse, Gers.)

CATALAN (1)

un ome numes təniə dos filys. əλ mez joβə βə ði əλ sew
parə : « ja z orə kə siẏi λ mew propi amu i kə tińgi ðines.
kəλ kə puẏi ənarmən i βèwrə mon. pərtiw əλ βostrə βe
i ðunèw-mə λ kə m əskayẏi. » — « ay fily mew », βə ði λ
parə, « kom buλgis ; edz un dulen i sərəs kəstiẏat. » i ðəspres
βə uβri un kəλaš, βə pərti λ sew βe i βə fernə ðuẏəs pars.

unz diəz dəspres əλ duλen səm bə na ðəλ pøplə moλ
ufa i sensə ði əðew ə ningu. bə trəβəsa moλtəs tèrəz ermes,
moλ z boskuz i moλ riws i βə rriβa ə unə ẏran siwtat ə on
əz βə ẏəsta todz əλz dines. əλ kab d unz mèzus βə təni
ðə βèndrə λ sewz βəstidz ə unə ðonə βelyə y əz βa lyuẏa
komə mosu ; əλ βən əmbia əλs kams pərə ẏwərðari əλz
azəz y əλz bows. ələzorəz ðə esə moλ dəzyrəsyat. jə no
βə təni lyit pərə ðurmi ə λə nit ni fòk pərə skəλfarsə kwən
tənia frèt. de βəẏaðəs təniə tantə ẏanə kə fins s əwriə mənjat
əkèlyəs fulyəz də kòλ y əkèlyə fruytə puðriðə kə menjən
əls pòrks. prò ningu no li ðunaβə rrès.

um besprə, əm əλ bentrə βuyt, bə ðəšarsə kawrə əλ
ðəmun d un troń i miraβə pər λə finestrə λz uselys kə
βuλaβən lyəwjerəmen. i ðespres βə βèwrə pəreša λə lyunə
y əλz əstèλs i βə ðirsə βo y pλuran : « əlyəβaš λə kazə
ðəλ mew parə es plènə ðə mosus kə tenən pa y βi, owz i
furmadjə tan kom əm boλən. mentrəstan jo m əstik murin de
ẏanə ki. »

(1) Traduction de Manuel COMPANYS.

Chapitre III

L'ANCIEN OCCITAN

I. — L'occitan, langue de culture
Ses différents noms

Nous avons jusqu'à présent examiné les données linguistiques en quelque sorte à l'état brut. Mais les faits et les tendances historiques auxquels nous avons fait déjà quelque allusion nous obligent à considérer les choses d'un autre point de vue : nous allons juger maintenant de l'intérieur. La langue d'oc ne s'est pas seulement caractérisée, au cours du temps, par une originalité linguistible incontestable : elle a été aussi le reflet d'une prise de conscience collective, le support d'une communauté, l'actualisation de multiples facteurs : historiques, sociaux, spirituels, culturels, qui en ont fait une vision particulière de l'humain. Le « gallo-roman méridional », froide désignation de savants, doit être vu maintenant comme une *langue* qui s'est cherchée, avec tout ce que ce terme implique d'humaines résonances : une conscience linguistique qui a essayé, sans y parvenir totalement, à se définir.

L'ancien occitan, tout d'abord, s'est posé en s'opposant. C'est la *lenga romana*, appellation qui n'a d'autre sens que de désigner la langue vulgaire par opposition au latin. Ce terme, dans les textes de caractère administratif, s'applique d'ailleurs à tous les idiomes issus du latin. Mais aux XIIIe et XIVe siècles, *roman* s'oppose, dans de nombreux documents municipaux, au français ou *langue du roi*. Dans les textes littéraires, il s'oppose également au *frances*, mais parfois il semble être employé comme synonyme de langue vulgaire face au latin.

Une autre dénomination usitée au Moyen Age est celle de *lemosi* (limousin). Elle n'apparaît qu'au début du XIIIe siècle, sous la plume du grammairien catalan Raimon Vidal de Besalú, auteur des *Razos de trobar* (cf. ci-après). On a beaucoup discuté sur ce terme, mais il semble bien qu'il ait désigné, non pas le limousin *stricto sensu*, mais bien l'ensemble des dialectes d'oc, avec une référence toute particulière à un dialecte célèbre littérairement (les premiers troubadours sont limousins). Ce qui est incontestable, c'est que R. Vidal de Besalú l'oppose à la *parladura francesca*, c'est-à-dire au français. Au siècle dernier, les poètes catalans l'employaient encore et c'est par ce terme de *llemosí* qu'un des premiers poètes de la Renaissance du XIXe siècle, Carles Aribau (1798-1862), désigne son catalan qu'il veut rehausser au rang de langue littéraire (1). Il faut dire qu'à titre de réciprocité, certains savants catalans du XVIIIe siècle ont appelé *catalan* la langue d'oc.

Le mot *proensal* ou *proensales* (provençal) a également servi, depuis le XIIIe siècle, à désigner notre langue (2). Ce terme a dû être vulgarisé surtout par les écrivains italiens pour qui l'ancienne Gaule méridionale restait toujours la *Provincia romana*, dont les habitants, les *Provinciales*, s'opposaient aux *Francigenae* du Nord. Cette désignation, consacrée par les romanistes, tend de plus en plus, à cause de l'ambiguïté qui la caractérise, à être réservée au seul dialecte de Provence.

---

(1) Cf. *Oda a la pàtria* :
   En llemosí sonà lo meu primer vagit.

(2) Raymond Feraud, auteur provençal de la fin du XIIIe siècle, craignant de ne pas être compris, dira :
   Car ma lenga no es
   De dreg proensales.

Le terme de *langue d'oc* a d'abord désigné les pays où se parlait cette langue ; c'était surtout une expression géographique, s'appliquant à des pays appelés en latin *Occitania* (formé sans doute sur *Aquitania*). C'est Dante qui paraît avoir employé le premier cette désignation *(lingua d'oco)*, opposant ainsi notre langue à la langue d'*oïl* (français) et à la langue du *si* (italien), d'après la particule servant à l'affirmation (cf. *De Vulgari Eloquentia*, I, chap. VIII et *La Vita Nuova*, XXV).

Nous passerons rapidement sur la dénomination de *roman*, que Raynouard essaya de faire revivre au début du XIXe siècle, en lui prêtant d'ailleurs une valeur excessive (il voyait dans l'occitan la langue mère des autres idiomes romans), et celle de *mondin* (fém. *mondina*), restreinte et un peu chauvine, employée à Toulouse et mise à la mode par le poète Goudouli. Il s'agit du mot *raimondin*, parler des sujets des Raimon, comtes de Toulouse, et réduit à *mondin* par chute de la syllabe initiale.

De toutes ces appellations, celles de *provençal* et de *langue d'oc* ont survécu jusqu'à nos jours. Elles ont pour elles la consécration de l'histoire et de l'Université, mais malheureusement elles sont ambiguës : *provençal*, nous l'avons vu, a un double sens, de même que *langue d'oc*, homophone de la province du même nom ; l'adjectif qui en est dérivé, d'autre part, *languedocien*, présente la même amphibologie et ne saurait s'appliquer à l'ensemble de la langue d'oc.

C'est pour cela que le terme plus adéquat d'*occitan*, pour désigner l'ensemble des parlers méridionaux, se répand de plus en plus : les noms des différents dialectes subsistent ainsi avec leur sens précis. C'est d'ailleurs l'administration royale elle-même qui, dès le XIVe siècle, l'a consacré en reconnaissant à tous les fiefs méridionaux une spécificité qui en faisait un monde à part dans le royaume. On parla donc de *lingua occitana*, de *patria*, de *respublica occitana*, de *patria linguae occitanae*, comme on parlait d'*Occitania*, opposant ainsi la *lingua occitana* à la *lingua gallica* qui désignait le français. Le terme fut d'ailleurs remis à la mode au début du XIXe siècle, sous sa forme *occitanique*, *occitanien*, par Fabre d'Olivet (dans ses *Poésies occitaniques*) et Rochegude (dans son *Parnasse occitanien* et son *Glossaire occitanien*).

Malheureusement, le terme d'*occitan* et sa connotation dynamique ne sont pas reconnus par les félibres de l'est du Rhône. Des traditions remontant à plus d'un siècle, le prestige de Mistral et de la renaissance provençale dont il a été l'initiateur, le repliement affectif d'une certaine Provence sur elle-même doublé — il faut bien le dire — d'un certain immobilisme culturel et idéologique : tout cela maintient la Provence félibréenne et l'ensemble du monde félibréen dans un état de méfiance vis-à-vis d'un terme, pourtant commode, mais qu'on trouve affectivement chargé et symbolique d'une « école » dont on ne partage pas les principes. Mais cela est une autre histoire que nous aborderons au chapitre suivant.

II. — L'occitan médiéval
langue de culture et langue véhiculaire

L'occitan médiéval a été une grande langue de civilisation : expression d'une communauté humaine originale et support d'une culture qui a donné des leçons au monde. C'est sous son double aspect de langue *littéraire* (et particulièrement *poétique*) et de langue *véhiculaire* que nous voulons maintenant l'examiner.

A) *La langue des troubadours*. — On sait que les *troubadours* ont été, sur le plan poétique et musical, les brillants illustrateurs de l'occitan médiéval. Bien avant les *trouvères* de langue d'oïl, et en marge des grands cycles épiques qui firent la gloire du nord de la France, ils surent élaborer une poésie lyrique extrêmement savante, aussi bien par la forme que par le fond. Une versification et une prosodie d'une richesse inouïe, soutenues par une mélodie ayant encore toutes les possibilités des modes liturgiques ; une conception originale de l'amour (la *fin'amors*), base d'une éthique humaniste fondée sur l'idéalisation de la femme ; l'exaltation de la *domna* en une *joie d'amour (joi)* s'érigeant peu à peu en système universel ; le perfectionnement moral de l'amant suscité par la *vertu* (qualités morales) de la dame : tous ces éléments ont fait de la lyrique troubadouresque une étape particulièrement brillante de la poésie et de la pensée universelles. Il n'est pas étonnant qu'elle ait suscité au Moyen Age, par son éclatant exemple, toutes les vocations poétiques européennes, depuis la France du Nord, la péninsule ibérique et l'Italie jusqu'à la plus lointaine Allemagne.

Du XIe au XIIIe siècle, l'occitan est vraiment la *langue type* de la poésie lyrique, comme plus tard le galaïco-portugais dans la péninsule Ibérique : les premières manifestations littéraires du français et du castillan étant plutôt épiques. Il est en effet dans les mœurs du Moyen Age de considérer telle ou telle langue comme plus propre à exprimer tel ou tel genre poétique.

Avant les troubadours, les plus anciens monuments de notre langue qui nous soient connus sont : le poème sur *Boèce*, fragment de 258 vers de dix syllabes, groupés en laisses de longueur inégales, et la *Chanson de Sainte-Foy d'Agen*

(593 vers de huit syllabes en tirades monorimes). Ces deux poèmes paraissent être du Xe siècle ; la *Chanson de Sainte-Foy* serait des environs de 950. Quant aux premières chartes où apparaissent des formes occitanes mêlées au latin, elles sont antérieures de près d'un siècle.

Parmi les plus anciens textes en prose, on peut citer, outre les chartes en langue mixte (occitan-latin), qui s'échelonnent du IXe au XIe siècle (cf. ci-après), la traduction des chapitres XIII-XVII de l'*Évangile de saint Jean* et des *Sermons et préceptes religieux*. C'est aux environs de 1100 qu'apparaissent les premières poésies des troubadours, avec l'un des plus célèbres d'entre eux, Guillaume VII, comte de Poitiers, duc d'Aquitaine (1071-1127). Le « premier des troubadours » ouvre la grande époque de la lyrique occitane : on connaît les noms, sinon les œuvres complètes, de plus de 400 poètes. Malheureusement, dès la seconde moitié du XIIIe siècle, elle touchait déjà à son déclin : elle s'éteignit en effet avec le Narbonnais Guiraud Riquier qui fut, sinon le « dernier des troubadours », du moins le « dernier des poètes de cour ».

Du point de vue linguistique, ce qui frappe dans l'occitan des troubadours, c'est qu'il présente, dès ses premières manifestations, c'est-à-dire dès le XIe siècle, une assez grande unité : les différences dialectales y sont en effet minimes et sans aucun rapport, en général, avec la provenance dialectale du troubadour ; l'idiome est sensiblement le même du Limousin jusqu'à la Méditerranée. Nous assistons donc à ce miracle d'une langue classique qui n'a pas été, en apparence, précédée par un stade littéraire dialectal, comme cela a été le cas en français. C'est d'emblée que les troubadours, de quelque région qu'ils soient (il y a parmi eux des Catalans et des Italiens), adoptent la *koinê* (langue commune) de l'époque. Le choix de la langue littéraire s'est fait sans effort et spontanément, semble-t-il, par l'imitation de la langue des premiers grands troubadours. Il n'y a donc pas eu ici prédominance politique d'un dialecte sur l'autre. Seuls des facteurs culturels, comme cela sera le cas plus tard en Italie, ont agi. Les dialectes existaient déjà, certes (moins différenciés toutefois qu'aujourd'hui), et servaient à la conversation quotidienne, mais la langue de culture était *une*, et c'est ce qui permit son rayonnement. Qu'il y ait eu un substrat dialectal, c'est probable, mais les discussions que cette question a soulevées prouvent bien que le problème n'est pas aisé à résoudre. On a d'ailleurs très souvent mêlé critères linguistiques et critères littéraires, comme nous l'avons vu plus haut, faisant de cette langue le *limousin* ou le *provençal* par excellence, parce que tel ou tel troubadour était, ou passait pour être, originaire de ces régions. Langue artificielle en partie, cela est certain, puisque langue de genres poétiques et esthétiques donnés, ayant une terminologie très stricte correspondant à des concepts précis tournant parfois à l'ésotérisme. Mais il n'y a pas que la langue de la seule lyrique ; la poésie épique et surtout narrative (cf. les romans de *Flamenca* et de *Jaufré*) s'exprime en une langue moins figée dans une seule et même atmosphère sémantique, une langue plus débridée, plus naturelle en un mot.

Il est d'ailleurs difficile de juger de cette langue avec précision puisque nous n'en connaissons qu'une pâle copie, celle que les scribes ont bien voulu nous transmettre dans les différents manuscrits. Si substrat dialectal il y a, c'est souvent celui du copiste qui se manifeste à son insu. Et là, bien souvent, règne l'arbitraire le plus absolu : à un vers d'intervalle, tel ou tel mot se présente, non seulement avec une autre graphie, mais avec un phonétisme appartenant à un dialecte absolument différent. Et que dire encore si l'on compare, à propos d'un même texte, les diverses *leçons* léguées par les manuscrits ! Il est impossible de dire exactement dans quelle langue ont été écrites les poésies des troubadours.

D'ailleurs, le concept même de *koinè* est assez relatif. Tels qu'ils nous ont été transmis, les textes présentent déjà les principales divergences dialectales que nous avons étudiées au chapitre précédent : mais absolument en désordre souvent, et sans qu'on puisse en dégager une structure linguistique quelconque dans le cadre d'un texte ou d'un poète déterminés. Tel poème, par exemple, présente d'une manière incohérente des formes en *cha* et en *ca (chantar/cantar)*, en *-it* et en *-ch (fait/fach)*, des diphtongues *ue* ou *uo (nueit/nuoit)* ou même des formes non diphtonguées *(noit)*, des formes avec *-n* instable ou non *(bon-s/bo-s)*, etc. Sans compter d'innombrables variantes morphologiques, dans la flexion verbale en particulier (ex. : *sui/soi* « je suis » ; *fatz/fas/fach/fau/fauc* « je fais » ; *posc/puesc/podi* « je peux », etc.). Il est pourtant assez peu probable que le troubadour n'ait pas eu, dans sa conscience linguistique, le sens d'une structure quelconque. Tout en employant une langue qui n'était pas tout à fait son idiome quotidien, il devait quand même avoir le sens d'une *norme*, compte tenu, évidemment, du sens très élastique que ce mot pouvait avoir au Moyen Age.

Un examen philologique sérieux de la *koinê* est donc extrêmement délicat. Cette *koinê* a pourtant existé, cela est incontestable, peut-être même plus normalisée que ce que les manuscrits, en général plus tardifs, nous en laissent paraître. Le même mystère plane d'ailleurs sur les origines de la *koinê*, que sur celles de la lyrique occitane elle-même. Une *koinê* en effet n'est jamais spontanée : elle suppose, ou bien une unification linguistique, plus ou moins arbitraire, consécutive à une unification politique et administrative, ou bien, ce qui semble être le cas pour la *koinê* occitane, la constitution de genres littéraires bien déterminés et universellement admirés, produits d'un certain type de société, genres ayant cette langue comme moyen exclusif d'expression.

Le fait que les troubadours gascons, par exemple, n'aient pas écrit dans leur dialecte et que des non-Occitans (Catalans, Italiens, Français) aient choisi la *koinê* comme instrument poétique, prouve bien qu'il devait y avoir depuis assez longtemps un commencement de cristallisation autour de quelque chose : centre d'attraction linguistique (peut-être la cour de Toulouse dans la seconde moitié du XIIe siècle), ou purement culturel : imitation des premiers grands troubadours nord-occitans, ce qui expliquerait les nombreux limousinismes de la *koinê*. De toute façon, tout cela suppose une lente élaboration reposant sur un complexus de faits linguistiques, sociaux et littéraires. La langue du « premier des troubadours » représente donc un stade évolutif peut-être plus poussé, en rapport, que la doctrine d'amour, qui ne transparaît qu'à peine dans ses poèmes.

Le problème des origines, et de l'existence même, de la *koinê* médiévale, est donc aussi obscur que celui des origines de la lyrique d'oc elle-même. La seule chose qu'on puisse affirmer avec une certaine vraisemblance, c'est que Guillaume de Poitiers n'est sans doute pas un point de départ mais le premier jalon connu d'une longue évolution à la fois linguistique, morale et culturelle, dont les prémices lui sont probablement bien antérieures.

B) *La langue juridique et administrative*. — L'occitan, nous l'avons dit, a été, pendant tout le Moyen Age et même après, la seule langue véhiculaire orale et, à côté du latin, la seule langue administrative écrite. Nous possédons un grand nombre de chartes, de coutumes, d'actes notariaux divers : registres de *clavaires* ou receveurs municipaux, pièces justificatives de leurs comptes, compoix (registres des différentes impositions), registres de procédure ou des délibérations municipales, etc.

Du XIIe au XIIIe siècle, l'unité de la langue administrative est encore solide. Il est possible d'ailleurs que le latin, qui est souvent sous-jacent dans les textes, en particulier les chartes, leur ait plus ou moins imposé une structure linguistique commune qui a renforcé leur unité. Quoi qu'il en soit, il est incontestable que les plus anciens textes administratifs occitans, ceux de la haute Auvergne, du Narbonnais, du Toulousain et même certains textes gascons ou catalans ne présentent pas entre eux de différences considérables. Ces différences vont toutefois s'accuser au cours du XIIIe siècle pour prendre, à partir du XIVe, une importance de plus en plus grande. Les différences seront d'autant plus marquées que le texte administratif sera d'intérêt plus purement local : registres municipaux, compoix, traductions d'ordonnances ou de mandements latins ou français, de portée strictement localisée.

La plus belle époque de la langue administrative occitane est donc, comme pour les troubadours, le XIIe et le XIIIe siècle. Avant cette date en effet, les plus anciennes chartes sont en latin mêlé d'occitan. Comme le fait remarquer Clovis Brunel, « le rédacteur de la pièce, écrivant en latin barbare, est parfois incapable d'exprimer sa pensée sans employer des mots ou des membres de phrase empruntés à la langue vulgaire. Dès le début du XIe siècle, nous rencontrons des documents de ce genre, qui sont nombreux et se remarquent parfois jusqu'au milieu du XIIe siècle ». L'occitan administratif se dégagera donc peu à peu du latin pour atteindre sa plénitude à partir du XIIe siècle : langue claire et précise, avec un vocabulaire et des formules traditionnels consacrés par un long usage, une morphologie encore polymorphe mais néanmoins solidement fixée, une graphie désormais indépendante du latin et parfaitement originale, valable pour toutes les régions. La langue administrative et juridique de l'Occitanie médiévale, avec son unité tout au moins aussi réelle que celle de la *koinê* lyrique, est un fait linguistique et sociologique remarquable qui n'a pas encore fait l'objet d'études suffisamment approfondies.

A l'exception des actes béarnais (*Fors* du Béarn : d'Oloron et de Morlaas, ou de Bigorre, aux XIIe et XIIIe siècles), nettement localisés quant à leur langue, on peut donc parler, parallèlement à la *koinê* troubadouresque, d'une *koinê* administrative occitane, centrée autour des pays toulousains au sens large (Quercy, Rouergue, Albigeois). Certes, notre jugement est peut-être un peu faussé du fait que ce sont précisément ces pays (une région à peu près circonscrite entre les villes de Toulouse, Moissac, Villefranche-de-Rouergue, Rodez, Millau et Castres) qui ont conservé le plus grand nombre de documents. Rarissimes sont en effet les chartes gasconnes, à part quelques actes du Comminges ; rares sont aussi les chartes des pays riverains de la Méditerranée et des régions nord-occitanes : Marche, Limousin, Périgord, Auvergne, Velay. Mais, comme le note judicieusement C. Brunel, « le hasard de la conservation des archives ne peut seul expliquer cette particularité ; il faut admettre que l'usage d'écrire en langue vulgaire a été au XIIe siècle plus répandu immédiatement au nord de Toulouse qu'ailleurs ».

A partir du XIVe siècle, c'est le français qui va commencer de se mêler à la langue d'oc dans les différents actes. Discret d'abord, il se fera de plus en plus envahissant jusqu'au XVIe siècle, pour se substituer complètement à cette date à son rival méridional moins fortuné (cf. ci-après).

C) *La codification de la langue : les anciennes grammaires occitanes*. — Dès le XIIe siècle, la conscience linguistique occitane est nette. Elle ressort, entre autres choses, des essais de codification qui sont faits, un peu plus tard, pour fixer la langue et surtout pour l'enseigner : double didactique, linguistique et courtoise, puisque les plus anciennes grammaires sont à la fois des guides du bon langage et des arts poétiques. On retrouve ici ce même souci, dont nous avons parlé, de ne jamais séparer la connaissance d'une langue du genre littéraire qu'elle a brillamment illustré. Les titres mêmes de ces documents *(razos, regles de trobar, Leys d'Amor)* sont particulièrement significatifs de cette bivalence.

Parmi ces codes grammaticaux, souvent destinés

à des étrangers (Catalans ou Italiens), on peut citer : *Las Razos de trobar*, du Catalan Raimon Vidal de Besalú, imité, un peu plus tard, par les *Regles de trobar*, de son compatriote Jofre de Foixa ; le *Donat proensal*, en latin et en occitan, de Hugues Faidit, composé vers le milieu du XIIIe siècle pour deux seigneurs italiens (1). Enfin, un siècle plus tard, vers le milieu du XIVe (1356), les fameuses *Leys d'Amor*, sans doute composées avant cette date. C'est un recueil de règles concernant l'orthographe, la phonétique, la grammaire, la stylistique, de la *langue romane* ; c'est aussi un recueil de préceptes de métrique et de rhétorique. Le dictatisme des *Leys d'Amor* n'est plus dirigé vers l'extérieur (Catalogne, Italie), mais bien vers l'intérieur cette fois. La langue, en tant qu'instrument poétique, commence en effet à se corrompre, à partir du moment où la poésie troubadouresque tombe en complète décadence. La publication de cette grammaire va donc dans le sens de la tentative de restauration linguistique (mais surtout littéraire) inaugurée par la fondation à Toulouse du *Consistori del Gai Saber* (1323).

III. — Décadence et langue de transition (moyen occitan)

A) *La décadence*. — L'événement politique le plus saillant qui marqua le début du XIIIe siècle fut évidemment la Croisade des Albigeois. Nous ne rappellerons pas ici l'histoire de cette conquête qui, de 1208 à 1229, ravagea les provinces méridionales. Ses conséquences sur la structure sociale du Midi et, partant, sur l'existence d'une poésie

---

(1) Appelé ainsi d'après un abrégé de la grammaire latine du grammairien Donatus.

courtoise, furent immédiates. Les cours où les troubadours avaient trouvé leurs principaux protecteurs étaient précisément celles qui avaient le plus souffert. Les grands seigneurs occitans étaient ruinés ou avaient d'autres soucis que celui d'écouter des poètes. Après 1242, à la suite d'un soulèvement avorté, leur décadence était irrémédiable. Les troubadours n'avaient donc plus, socialement, de raisons d'être : ils allèrent chercher fortune ailleurs, au-delà des Alpes et des Pyrénées.

La poésie courtoise commençait sa lente agonie. Certes, elle réussit à se maintenir encore quelque temps dans les régions épargnées par la Croisade, comme la Provence et le Rouergue, et même à refleurir, la tourmente passée, dans les comtés de Foix et de Comminges, ou dans les petites cours gasconnes et béarnaises. Mais l'heure du déclin de la lyrique courtoise avait sonné, consacrant ainsi la fin de l'occitan en tant que grande langue poétique.

Pour ce qui est de la langue véhiculaire, les choses sont un peu plus complexes. De ce point de vue, la Croisade des Albigeois n'a exercé dans l'immédiat qu'une action mineure : les rois de France n'ayant pas mené, ou n'ayant pu mener à cette époque, de politique linguistique suivie. L'occitan survivra donc encore jusqu'au XVIe siècle, comme langue juridique et administrative et, comme langue populaire, jusqu'à la Révolution (cf. ci-après). Mais les impératifs économico-politiques qui assurent la vitalité d'une langue se sont exercés dans un autre sens ; les centres d'attraction culturelle, d'autre part, se sont peu à peu déplacés. A partir du XIVe siècle, par exemple, la France du Nord commence à tenir une place prépondérante dans la culture artistique et littéraire de la Catalogne. Ce transfert de prestige coïncida avec une période creuse de notre littérature, la lyrique d'oc n'ayant pas su se renouveler, sclérosée qu'elle était par ses efforts incessants pour renaître de ses cendres. Si bien que furent vaines les tentatives de la *Sobregaia companhia dels set trobadors de Tolosa (Consistori del Gai Saber)*, fondée en 1323, dans « la royale et noble cité de Toulouse » par sept bourgeois de la ville, successeurs des « bons et anciens troubadours », tentatives qui avaient pour but de créer des concours poétiques (Jeux Floraux) et de remettre en honneur les anciennes valeurs. On se mit peu à peu à regarder vers le Nord. La langue n'étant plus soutenue, ni par le prestige littéraire d'autrefois, ni par des fondements politiques qui auraient pu transformer en nation une nationalité évanescente, finit par perdre la conscience de son unité et de sa hiérarchie interne : le beau langage était ailleurs. Elle s'entacha de gallicismes qui affectèrent, dès le XVe siècle, sa graphie et, de plus en plus, sa structure.

Pourtant la littérature d'oc, contrairement à ce qu'on a trop tendance à admettre, n'en fut pas brisée pour autant. Certes, l'époque des grands noms et des grandes œuvres est bien passée, mais la poésie se prolonge encore sous les aspects les plus variés : genres divers, parfois imités du français ; littérature d'imagination avec des romans et des nouvelles ; littérature religieuse, vies de saints, prières, sermons ; littérature didactique, traités de sciences profanes, chirurgie et médecine, algorisme et même une encyclopédie : l'*Elucidari de las proprietats de totas res naturals*, faites pour Gaston de Foix. Sans compter les nombreuses *Annales* ou *Chroniques* tenues à jour par différentes villes.

Et, d'autre part, la grande poésie occitane provigne dans un pays voisin et parlant une langue très apparentée : la Catalogne. Sa déchéance aura consacré la naissance du catalan poétique en tant que langue à part ; mais jusqu'au xve siècle, le lyrisme troubadouresque inspirera encore les poésies d'amour d'un Auzias March, d'un Jordi de Sant Jordi ou d'un Joan Roiç de Corella.

En Languedoc en particulier, la langue se maintient aussi riche et aussi pure qu'au xiie siècle. La fondation du *Gai Saber*, en effet, n'a pas pour but de prolonger une langue encore en pleine vigueur, mais de maintenir certaines formules d'art. Si, après le xiiie siècle, il y a effectivement décadence littéraire, la langue connaît toujours une remarquable vitalité. On peut même parler d'une véritable extension de son domaine, puisqu'on l'applique à des travaux scientifiques, historiques et didactiques (1). L'occitan du xve siècle est encore une belle langue classique, non seulement utilisée dans tous les écrits de la vie publique ou privée, mais aussi, et ce malgré le caractère mineur des œuvres, instrument littéraire parfait.

A partir du xvie siècle, les choses vont assez brusquement changer. Le dernier coup porté à la langue administrative est l'édit de Villers-Cotterêts (1539) qui ordonna de se servir de la seule langue française dans tous les actes judiciaires. Le latin fut donc supprimé des actes, ce qui n'était pas un mal, mais aussi l'occitan. Après cette date en effet, rares sont les documents écrits en langue d'oc et selon les normes traditionnelles (cf. ci-après). D'autre part, depuis 1513 au moins, et probablement plus tôt (en tout cas après 1485), le *Collège de Rhétorique* de Toulouse (nouvelle appellation du *Consistori*

---

(1) Il y a même des traités d'arithmétique et de géométrie, comme ce *Compendion del Abaco* (1492), de Frances PELLOS, que R. Lafont vient de rééditer (Publ. Fac. Lettres Montpellier).

del Gai Saber) n'admet à ses concours que la seule langue d'oïl.

B) *Pénétration du français dans le Midi de la France*. — Nous voulons examiner maintenant un fait linguistique d'une particulière importance, en étroite relation avec la disparition progressive de l'occitan, dont il offre la contrepartie : la pénétration du français dans le Midi de la France. Cette pénétration, on peut s'en douter, n'a pas été facile et rencontra des résistances, du moins jusqu'au xve siècle. Mais il est notable qu'à la fin du xvie siècle, et dans un laps de temps relativement court, la déchéance de l'occitan administratif est à peu près consommée. Auguste Brun a consacré à ce sujet un livre remarquable dont nous reprendrons ici les principaux points.

Nous passerons rapidement sur les pays situés en bordure des pays d'oc, de part et d'autre de la limite linguistique où, dès la fin du Moyen Age, le français a déjà cause gagnée : à l'ouest : Saintonge, Aunis, Angoumois, Poitou ; au centre : Marche, Basse-Auvergne, et à l'est : Forez, Lyonnais, Dauphiné septentrional. Toutes ces provinces intermédiaires, entre 1350 et 1400, admettent le français, sinon comme langue parlée, du moins comme langue administrative, en concurrence avec le latin, dans les écritures publiques.

Mais, plus au sud, la situation présente un notable contraste. Coïncidant approximativement avec la limite traditionnelle des parlers d'oïl et des parlers d'oc, « une barricade semble se dresser et la progression du français se stabilise ». Toutes les classes sociales, d'un bout à l'autre de l'Occitanie, ne connaissent guère que leur parler maternel, qui « est comme un lien et un signe de parenté : on voit même s'ébaucher au xve siècle, au-dessus des dialectes différenciés, une sorte de *koinê* pour la commodité des relations de ville à ville, de province à province ».

C'est à la fin du xve siècle et surtout au début du xvie qu'on remarque vraiment un premier recul de l'occitan administratif : d'une manière progressive, certes, et plus ou moins poussée selon les régions. Mais, après 1550, il y a déjà divorce entre l'usage écrit et l'usage oral, alors qu'il y a encore concordance vers 1500. L'édit de Villers-Cotterêts a été plus souvent la consécration d'un fait que sa cause réelle.

Comme l'écrit A. Brun, « la substitution, visible dans les textes, commence, à dater de 1450, par le nord du Limousin, lequel est complètement francisé dans les premières années du xvie siècle. Le Périgord, le Bordelais, l'Agenais... se francisent à dater de 1490 et le mouvement se généralise en 1500 et 1520. Une troisième zone qui, en superficie, est la plus vaste, est atteinte vers 1530 et la nouvelle langue s'y implante entre 1540 et 1550 : c'est le cœur de la Gascogne, entre Bordeaux et Bayonne, entre l'Atlantique et les limites du Languedoc ; la plus grande partie du Sud-Ouest était gagnée au français au milieu du xvie siècle : les vallées pyrénéennes ont résisté plus longtemps, jusqu'aux approches de 1600 ».

Bien entendu, il ne faut pas oublier que cette francisation n'est que superficielle et n'entame en rien l'usage de la langue parlée (1). Le français s'implante comme langue administrative et il

---

(1) Dans la seconde moitié du xviie siècle encore, Racine, arrivant à Uzès, est obligé de mêler son français d'espagnol et d'italien pour se faire comprendre des gens du peuple. En 1644, les dames de la société marseillaise ne sont pas capables de s'entretenir avec Mlle de Scudéry.

devient indispensable de le savoir ; mais, encore une fois, son rôle se borne aux communications avec l'extérieur. Les textes officiels, d'autre part, que nous avons conservés, ne donnent pas toujours un tableau exact de la situation linguistique réelle. Une langue nouvelle ne s'impose pas aisément à une communauté ; il semble d'ailleurs assuré que les souverains étrangers aient laissé à leurs sujets occitans une entière liberté linguistique : il y a eu là, sinon tolérance, du moins une incontestable indifférence de l'autorité. Le français pénètre de plus en plus dans le Midi, dans ce sens qu'on le comprend de mieux en mieux et qu'on reconnaît sans trop regimber sa suprématie administrative mais l'occitan conserve encore une partie de son ancien prestige. Dans le Bas-Languedoc, par exemple, et plus qu'ailleurs, l'idiome maternel n'a pas absolument disparu de l'écriture : il continue d'être parlé dans les villes, pourtant de bonne heure francisées et ceux qui l'écrivent, les notaires surtout, ont encore ce que Auguste Brun appelle « l'obsession du roman ». La langue nouvelle est en effet obligée d'intégrer des termes locaux et techniques, inexistants en français, et cela jusqu'au XVIIe siècle, et même dans des villes comme Nîmes. Les archives de l'Hérault et du Gard nous offrent d'innombrables spécimens de français dialectal ou d'occitan francisé, témoignages certains d'un bilinguisme qui a survécu même à la Révolution.

La situation en Provence, plus tardivement réunie à la Couronne, n'est pas tellement différente de celles des provinces soumises depuis plus longtemps. Ici comme là, l'établissement du français est le fait du XVIe siècle : il s'accomplit en moins de cinquante ans et ne semble guère rencontrer d'adversaires déclarés. Une différence toutefois avec le Languedoc, la Gascogne ou le Limousin : en Provence, la francisation est à peine sensible au moment de l'ordonnance de Villers-Cotterêts. « Celle-ci, qui précipite ailleurs une évolution déjà ébauchée, ici déclenche une révolution. En 1540, une notable partie du domaine méridional est déjà gagné au français... ; ici, à cette date, tout est à faire, et les réalisations ne sont effectives que dans la décade qui suit. Tout se passe en Provence comme ailleurs, mais avec un « décalage » de trente années. » La situation à Avignon et dans le comtat Venaissin, quoique différente dans les détails, fut sensiblement la même.

Dans la Gascogne pyrénéenne (Béarn, Bigorre, Comminges), l'occitan, pour des raisons géographiques et politiques diverses, se maintient mieux et plus longtemps, comme nous l'avons fait remarquer plus haut : le français, en général, ne se vulgarise qu'après 1570 et même au XVIIe siècle. Les testaments des derniers rois de Navarre (XVe et XVIe siècles) sont encore écrits en un béarnais classique presque parfait ; Henri IV écrit encore en gascon à ses *jurats* ; sa sœur, Catherine, régente du royaume de Navarre, rédigera pour le pays une commission en béarnais (1578). Langue officielle du Parlement de Navarre, le gascon s'y maintiendra encore beaucoup plus tard. Quant au Roussillon catalan, rattaché plus tardivement à la Couronne (1659), il attendra un arrêt du Conseil souverain du 10 juin 1738 pour que les actes de son état civil soient désormais rédigés en français.

On peut donc dire que, d'une manière générale et dans tout le Midi (à l'exception de la Gascogne pyrénéenne et du Roussillon), c'est le XVIe siècle qui a parachevé la consécration du français. Désormais une situation nouvelle va naître : le bilinguisme. A part les gens du peuple, qui continuent d'ignorer le français, les gens cultivés connaissent et pratiquent les deux langues. Le français a cessé d'être une langue étrangère certes, mais il n'est encore qu'une langue adoptive ; c'est la langue des livres, la langue de culture, mais rien de plus : il n'atteint pas les couches populaires. Si l'occitan commence à faire figure de langue déshéritée, sa vitalité n'est pas atteinte et, pour attester sa survivance, une véritable renaissance littéraire, nous le verrons, va se faire jour pour l'« illustrer ». Ce bilinguisme va se maintenir jusqu'à la Révolution, à partir de laquelle on commencera à le contester. En effet, la vision rationaliste et universaliste de l'homme, qui a été la base idéologique de la Révolution, n'était guère propice à une ambiguïté correspondant à une pluralité de langues au sein d'une même nation. Ce scandale pour la raison était de plus étayé par le fait que la survivance des dialectes était considérée comme un reliquat du passé féodal. A un peuple uni dans une patrie indivisible, il fallait un idiome commun. On comprend donc que, dès 1790, l'abbé Grégoire, par une circulaire aux départements, amorce une enquête sur les patois. Si les avis sont partagés en ce qui concerne l'opportunité de leur disparition, tout le monde est d'accord sur la nécessité pour tous les citoyens de connaître la langue de la nation. Quant à Grégoire, il est net dans ses termes : il faut anéantir les patois pour universaliser l'usage de la langue française ; les dialectes entravent *l'amalgame politique*, il faut détruire l'aristocratie du langage. Et Barrère, dans son discours du 8 pluviôse an II, prononcera la fameuse phrase : « Nous avons révolutionné le gouvernement, les mœurs, la pensée ; révolutionnons aussi la langue : le fédéralisme et la superstition parlent bas-breton, l'émigration et la haine de la

République parlent allemand. La contre-révolution parle italien, le fanatisme parle basque... »

Pourtant, malgré les louables efforts de la Révolution, dès 1793 et surtout en 1794, pour propager le français dans tout le pays, malgré les tentatives dans ce sens du Comité d'Instruction publique, les mesures adoptées par la Convention se solderont par un semi-échec. Les parlers occitans, en particulier, n'ont guère souffert de la tourmente révolutionnaire : bien plus, ils serviront même d'instrument de propagande politique auprès du peuple ; en 1790, les décrets eux-mêmes sont parfois mis en langue du pays ; des Déclarations de droits sont traduites en occitan, des discours faits dans cette langue, et l'usage subsiste jusqu'à la Terreur. On assiste presque à une résurrection des parlers locaux, mal vue, mais tolérée. Néanmoins, l'état d'esprit est toujours hostile aux langues ethniques, considérées, à tort ou à raison, comme des obstacles à la propagation de l'esprit révolutionnaire. Mais cette hostilité, et les mesures qu'elle a suscitées, sont plutôt restées au stade de principe. Les efforts de la Convention ont échoué devant les faits : les positions des parlers occitans n'ont guère changé. Incurie des pouvoirs révolutionnaires, indifférence des populations, mais surtout vitalité d'une langue solidement incarnée : bref, l'état linguistique du Moyen Age se perpétue, plus ou moins atténué, jusqu'à la Révolution.

C) *Une première renaissance.* — Le XVIe siècle, nous venons de le voir, a consacré la ruine presque définitive de la langue d'oc administrative et véhiculaire. Chose curieuse : au moment précis où l'occitan se meurt en tant que langue officielle, une première renaissance littéraire se dessine dans trois provinces occitanes, partiellement sous le signe du pétrarquisme et de ses imitateurs français de la Pléiade : Pey de Garros en Gascogne (1), Bellaud de La Bellaudière en Provence (2), Auger Galhard en Languedoc (3). La mode est au « vulgaire illustre » qu'on veut rehausser en face du grec et du latin, aux langues modernes que l'on veut défendre et *illustrer*. Pour l'occitan, la réaction se fait également contre le français. Certes, celui-ci est désormais bien installé ; c'est lui qui règne seul, ou peu s'en faut, comme langue administrative. Mais l'unique langue des couches populaires, et même de la bourgeoisie, est encore l'occitan. On comprend donc les plaintes et l'amertume de maint écrivain de cette première renaissance : une conscience linguistique se fait jour ; une première revendication culturelle s'ébauche, en relation probable avec cette déchéance officielle de l'occitan, dont on commence à avoir notion et contre laquelle certains esprits s'élèvent. Pourquoi ne pas accorder à la langue d'oc les mêmes *droits* à la vie qu'aux autres langues ? Il n'y a aucune raison intrinsèque : le gascon, le languedocien, le provençal *valent* le grec, le latin, le français, l'italien ou l'espagnol. Ce sentiment de la parité de toutes les langues et de l'injustice dans laquelle se trouve plongé l'occitan éclate de toute part. Il y a là le sens incontestable d'une certaine occitanité linguistique que l'on sent menacée et qu'il faut défendre. Mais écoutons le témoignage de quelques poètes.

D'abord le Gascon Pey de Garros, le plus ancien :

> *O praube liatge abusat,*
> *digne d'èste despaïsat,*

(1) 1525 (?) — 1583.
(2) 1543 — 1588.
(3) 1532 (?) — les dernières années du siècle.

> *qui lèishas per ingratitud*
> *la lenga de la noiritud...*
> *... E non hès compte de l'ajuda*
> *au païs naturau deguda.*
> *Aquò b'es, a plan tot pensar,*
> *son païs mau recompensar.*
> *Mès de ma part, jo'vs asseguri*
> *e religiosament vos juri*
> *que jo escriurèi dab veheméncia,*
> *no'm cararèi, n'aurèi paciéncia*
> *d'aquí a que siam tots acordats*
> *e d'ua conspiracion bandats,*
> *per l'onor deu païs sosténguer*
> *e per sa dignitat manténguer.*

(O pauvre génération abusée, digne d'être chassée du pays, qui abandonnes par ingratitude la langue nourricière... et ne tiens compte de l'aide que tu dois à ton pays d'origine. Voilà, certes, tout bien réfléchi, qui est mal récompenser son pays. Mais de ma part, je vous assure, et religieusement vous jure, que j'écrirai avec ardeur, ne me tairai point et n'aurai de cesse que nous ne soyons tous d'accord et unis dans une même conspiration, pour soutenir l'honneur du pays et maintenir sa dignité.)

Le Toulousain Pierre Goudouli (en oc Pèire Godolin) (1580-1649), dans une première *fleurette* de 1617, présente un véritable manifeste en faveur de la langue d'oc, vue ici sous l'aspect du parler toulousain : langue capable de répondre à tous les besoins de l'expression littéraire. Son vocabulaire est riche : bien des mots n'ont de correspondants apparents ni en grec ni en latin ; ce sont des mots qui « vivent de leurs rentes » ; d'où l'originalité de cette langue et son « antiquité ». Mais Goudouli, comme le note clairement Robert Lafont, « n'a à sa disposition aucune science véritable des faits de langage. Il limite, comme le fait toujours le peuple d'oc, sa démonstration au vocabulaire, oubliant la morphologie et cette syntaxe qu'il manie pourtant avec tant de sûreté. Il pose très mal le problème de la filiation des langues : il les voit existant depuis la plus haute antiquité, depuis la Tour de Babel ». Ses conceptions linguistiques sont donc bien étroites et quelque peu naïves, mais comme elles sont sincères et finalement valables ! Et c'est alors le mot fameux, véritable slogan qui est tout un programme : *Noirigat de Tolosa, me plai de mantener son lengatge bèl, e capable de derrambulhar tota sòrta de concepcions ; e per aquò digne de se carrar amb un plumachon de prètz e d'estima* (Nourrisson de Toulouse, il me plaît de maintenir son beau langage, capable de démêler toute sorte de conceptions ; et par cela digne de se pavaner avec un panache de prix et d'estime).

Autre Gascon, Bertrand Larade (1581-?), de Montréjeau, met même son idiome natal au-dessus des autres langues :

> *Jo be harèi ausir aus Francesis badauds,*
> *Que lo parlar gascon sus tots be tien la cima.*

(Je ferai bien entendre aux Français badauds que le parler gascon sur tous tient la cime). Il a d'autre part de son dialecte une conception très large. Défenseur de la *langue* contre les *parlers*, il a déjà de l'occitan une vision presque moderne :

> *Lo mot, qu'òm blasma aci, alhors serà lausat.*
> *Jo non som pas per vos solament compausat,*
> *Jo sòrti per amor de tota la Gasconha.*

(Le mot, qu'on blâme ici, ailleurs sera loué. Je ne suis pas pour vous (1) seulement composé ; je parais pour l'amour de toute la Gascogne.)

Citons encore le témoignage du célèbre poète Guillaume de Salluste, seigneur du Bartas (1544-1590), bien connu pour son poème en français : *La*

---

(1) C'est le livre du poète qui parle : il ne s'adresse pas seulement aux lecteurs natifs de régions proches (gens de l'Armagnac ou d'ailleurs), mais à *toute* la Gascogne.

semaine ou *La création du monde* (1578). De son œuvre gasconne, on n'a conservé qu'un sonnet et surtout la longue pièce composée en 1579, pour fêter l'accueil, à Nérac, de la reine Marguerite et de son mari Henri de Navarre. Le poète y fait dialoguer trois nymphes : la Latine, la Française et la Gasconne, symbole des trois langues. Mais c'est la nymphe gasconne qui remporte la palme, parce que seule elle a vraiment le droit de parler devant les illustres visiteurs :

> *... on mes òm arrasoa,*
> *Mes òm hè qu'io èi dret de parlar davant vos,*
> *Jo soi Nimfa gascoa, era es ara gascoa,*
> *Son marit es gascon e sos subjects gascons.*

(Plus on raisonne, plus on fait que j'ai droit de parler devant vous. Je suis Nymphe gasconne, elle est maintenant gasconne ; son mari est gascon et ses sujets sont gascons.)

On pourrait multiplier les exemples. Il y a vraiment, dans cette première renaissance occitane du XVIe siècle, et surtout en Gascogne, le sentiment d'une dignité linguistique et d'un particularisme ethnique, renforcé sans doute par le dynamisme huguenot des Gascons et la promotion au trône de France d'un des plus grands d'entre eux : Henri de Navarre. Particularisme assez étroit, certes, appliqué souvent à une seule région, ou même à une seule ville, mais qui contient déjà en puissance une certaine vision anticipatrice de l'occitanisme.

D) *La langue de transition. — Evolution jusqu'à la langue moderne.* — Le milieu du XIVe siècle a marqué approximativement la fin de l'ancien occitan. A la suite des événements politiques dont nous avons parlé plus haut, l'Occitanie perd en effet peu à peu le sentiment d'une culture commune et l'usage de la langue littéraire qui en était l'instrument. Comme le remarque Jules Ronjat, « l'écart entre le vieux provençal écrit et les dialectes est déjà trop considérable pour que la restauration puriste et archaïsante de la compagnie des Jeux Floraux de Toulouse puisse réussir : elle ne s'appuie sur aucune tradition vivante dans l'Eglise, l'enseignement ou l'administration, mais seulement sur une production littéraire artificielle et médiocre et sur une longue compilation grammaticale intéressante surtout par les formes qu'elle blâme ou qu'elle semble utiliser à regret, celles qui précisément caractérisent l'état réel de la langue ». Jugement juste dans ses grandes lignes, encore que trop sévère : la réforme des Jeux Floraux, nous l'avons vu, se veut plus littéraire que linguistique : la langue n'a pas encore besoin qu'on la sauve. Mais une chose est certaine : le milieu du XIVe siècle est effectivement une sorte de « moment critique central avant et après lequel commencent ou se poursuivent un certain nombre d'innovations linguistiques accusant de plus en plus la divergence des parlers ». Ces innovations sont d'ailleurs bien souvent antérieures à leurs premières manifestations dans les textes écrits. Il y a donc, du milieu du XIVe siècle jusqu'à la renaissance du XVIe, une période transitoire, qu'on peut appeler le *moyen occitan*, période pendant laquelle se produisent d'assez nombreux bouleversements linguistiques, et se consacrent, ou se répandent, les innovations déjà latentes antérieurement. Voici les principales d'entre elles :

a final atone passe, dans la plupart des parlers à *o* (*pòrta* se prononce *porto*) ; partout, *o* fermé et *o* prétoniqae passent à *u* (franç. *ou*) (*onor* se prononce *ounour*) ; *-ia* disyllabique se monophtongue en *-yé* ou *-yó* (*avia* > *avyé* ou *abyo* « il avait »). Les parlers arverno-méditerranéens commencent, mais sans doute pas avant le XVIe siècle, à amuïr les consonnes finales ;

la vocalisation de *-l* implosif, déjà amorcée dans la langue des troubadours, se poursuit ; mais ces deux évolutions ne s'achèvent qu'à date relativement récente (sauf pour la vocalisation de *-l* en gascon) ; de même pour l'amuïssement de *-s* final ou son passage à *-i* au pluriel des noms et des adjectifs (cf. ci-dessus).

Pour ce qui est de la morphologie, la déclinaison à deux cas disparaît définitivement ; les formes analogiques de l'adjectif au féminin du type *granda*, *fòrta* remplacent presque entièrement les formes étymologiques : *gran-s*, *fort-z* ; les formes enclitiques et asyllabiques des pronoms conjoints cèdent la place, dans la plupart des parlers (sauf en gascon), à des formes plus pleines *(l'òme que'm vei* « l'homme qui me voit » devient : *l'òme que me vei)* ; les 1ʳᵉ et 2ᵉ personnes du singulier au présent de l'indicatif des verbes prennent presque toujours, et partout, une voyelle de soutien *(canti, cante* ou *canto* pour *cant)* ; les formes fortes des prétérits disparaissent au profit de formes analogiques avec infixes en *-g-* ou en *-sk-* *(aguèt* « il eut » pour *ac*, *volguèt* « il voulut » pour *volc*, *fasquèt* « il fit » pour *fetz*, etc.), ces infixes s'étendant souvent au présent et à l'imparfait du subjonctif, le *-r-* de la 3ᵉ personne du pluriel s'étend en outre à tout le paradigme du prétérit, sauf à la 3ᵉ personne du singulier *(cantèri, cantères, cantèt, cantèrem, cantèretz, cantèron* ; ancien occitan *cantei, cantest, cantet, cantem, cantetz, canteron).*

D'une manière générale, surtout si l'on considère l'occitan central (languedocien), on peut dire que les différences entre l'ancienne langue et la langue moderne sont relativement minimes ; et l'on peut présumer qu'un Occitan du xɪɪᵉ siècle comprendrait sans trop de peine un de ses compatriotes du xxᵉ siècle ; cela ne serait certes pas le cas pour le français. Ce qu'il y a de notable, c'est que les évolutions linguistiques, comme nous l'avons fait remarquer, se produisent essentiellement, ou se voient consacrées, dans cette période de deux cents ans qui va du xɪvᵉ au xvɪᵉ siècle. A partir du xvɪᵉ siècle, en effet, les textes littéraires, désormais dialectalement localisés, témoignent d'une langue à peu près semblable, à quelques archaïsmes près, à la langue d'aujourd'hui.

Chapitre IV

L'OCCITAN MODERNE

I. — De la première renaissance au Félibrige

Depuis la première renaissance du XVIᵉ siècle jusqu'au Félibrige, rien de saillant n'a marqué l'évolution de l'occitan. Les grands bouleversements historiques et sociaux du genre de ceux qui avaient coïncidé, à partir du XIIIᵉ siècle et surtout au XIVᵉ siècle, avec sa relative déchéance, seront presque sans incidence sur son devenir. On a vu plus haut que la Révolution elle-même, malgré tous ses efforts, n'avait exercé qu'une très faible influence sur la disparition ou la conservation des dialectes et des langues ethniques. Il semble que les faits de conservatisme ou d'évolutionnisme dans ce domaine se soient situés absolument en marge des grandes tourmentes historiques. Il faudra attendre en effet le XIXᵉ siècle, avec le développement rapide d'une civilisation industrielle et technicienne toute nouvelle, pour voir vraiment s'ébranler les fondements d'un traditionalisme linguistique qui ne demandait qu'à perdurer. La langue se *maintient* donc sans évoluer sensiblement : il n'y a pas, par exemple, entre la langue de Goudouli et le languedocien actuel de différences fondamentales.

Socialement, la langue d'oc poursuit sa vie larvée sous le double aspect d'une langue populaire extrêmement vivace et solide et d'une littérature mineure, mais néanmoins intéressante : littérature savante (ronsardisme ou pseudo-classicisme des nombreuses traductions d'écrivains anciens) ou burlesque et populaire (parodies d'auteurs latins, pastorales, noëls, théâtre, etc.). Mais aucune connexion dans tout cela : les efforts demeurent isolés, les vocations solitaires. Le français s'impose de plus en plus comme seule langue littéraire. On a remarqué que la fin du XVIIIe siècle voit naître les premiers vrais écrivains d'origine languedocienne et de langue française : nous voulons parler de Fabre d'Eglantine, né en 1755, de Rivarol, né la même année, d'André Chénier, né en 1762 et de son frère Marie-Joseph, né en 1764.

Un premier didactisme en faveur du français se fait jour ; c'est l'époque des dictionnaires occitan-français : *Dictionnaire provençal-français* du P. Sauveur André Pellas (1723), *Vocabulaire provençal-français* d'Achard (1785), ces livres ayant pour but « l'instruction des Provençaux qui n'ont pas une entière intelligence ni l'usage parfait de la langue Françoise, et pour la satisfaction des personnes des autres Provinces de France qui désirent d'aprendre l'explication des mots et des Phrases Provençales » (1). Didactisme à double sens, on le voit, la langue d'oc ne perdant pas ses droits. Ces dictionnaires vont d'ailleurs se succéder dans toute la première moitié du XIXe siècle.

Dans cette période d'environ deux cents ans (1650-1850), l'histoire de la langue se confond avec celle de la littérature qui l'actualise, et c'est plus à l'historien de la littérature qu'au linguiste d'en jalonner les étapes.

Il faut néanmoins signaler ici quelques grands « mouvements » qui, à partir d'horizons divers, vont tous converger pour redonner peu à peu à la

---

(1) Pour le gascon, on peut citer encore le livre de DESGROUAIX, *Les gasconismes corrigés*, Toulouse, 1768.

langue un certain prestige et préparer dans l'ombre la deuxième renaissance du XIXe siècle. C'est dans ce sens que l'historien du Félibrige, E. Ripert, distingue par exemple un *mouvement savant* et un *mouvement ouvrier* ; nous y ajouterons un *mouvement bourgeois et esthète*.

a) *Le mouvement savant*. — Oubliés en France depuis le XVIe siècle et surtout déformés par les histoires fantaisistes de Jehan de Nostre-Dame, frère du célèbre astrologue Nostradamus (1), les troubadours connaissent dans la seconde moitié du XVIIIe siècle un renouveau d'intérêt. Le mouvement est amorcé par Lacurne de Sainte-Palaye dont les travaux, pour imparfaits qu'ils fussent, étaient une première révélation au public lettré. Un véritable engouement se développe, dans les cercles aristocratiques du Midi, autour des vieux poètes d'oc et même des dialectes contemporains. On remet en cause la prétendue supériorité littéraire de la langue d'oïl, on revendique les titres d'honneur de la langue d'oc. On peut donc dire qu'à la veille de la Révolution le climat était déjà favorable à l'éclosion des travaux qui, au siècle suivant, consacrèrent vraiment, et d'une manière plus sérieuse, la dignité de la vieille poésie occitane.

A l'encontre des fadeurs romanesques du « genre troubadour » mises à la mode, au XVIIIe siècle, par le comte de Tressan, M. de Rochegude entreprend une véritable prospection scientifique en copiant à la Bibliothèque Nationale les manuscrits des troubadours. Il publie alors son *Parnasse occitanien ou Choix de poésies originales des troubadours tirées des manuscrits nationaux*, Toulouse, 1819, anthologie suivie d'un essai de *Glossaire occitanien*. Au même moment, de 1816 à 1821, un autre chercheur méridional, François Raynouard, publie, avec l'aide du gouvernement de Louis XVIII, six gros volumes

---

(1) *Vie des plus célèbres et anciens poètes provençaux qui ont floury du temps des comtes de Provence* (1575).

contenant une grammaire de l'ancien occitan et de nombreux extraits, accompagnés d'une traduction, de l'œuvre des troubadours (1). De 1830 à 1844, après sa mort, paraissent en outre les six volumes de son *Lexique roman* où les mots sont groupés par racines, avec leurs correspondants dans les autres langues néo-latines et de nombreuses citations des troubadours.

Les travaux de Rochegude et de Raynouard ont incontestablement servi de point de départ à la critique philologique telle qu'on la conçoit aujourd'hui et leurs livres, en particulier le *Lexique roman*, sont encore loin d'être inutiles. Certes, l'engouement pour le burg médiéval, la dame lointaine et les cours d'amour s'inscrit bien dans le goût de l'époque pour tout ce qui touche au Moyen Age : l'Allemagne romantique elle-même nous ramène notre propre bien avec les écrits enthousiastes des frères Schlegel sur les troubadours. Mais cette ferveur poétique n'est pas vaine ; c'est elle qui suscitera, par exemple, la vocation d'un Frédéric Diez. Ce philologue allemand se penchera lui aussi avec amour sur les vieux poètes d'oc avant de se consacrer entièrement à la philologie et à la linguistique romanes, science dans laquelle il fait vraiment figure de précurseur. Les différents idiomes néo-latins, en l'occurrence l'occitan, sont désormais classés méthodiquement et reconnus dans leur spécificité linguistique.

On ne peut que mentionner ici les divers travaux qui vont se succéder au cours du XIXe siècle sur les troubadours et leur poésie : ceux de l'Italien Galvani (1829), du Catalan Manuel Milà y Fontanals (1861), ceux de Bruce-White en Angleterre, ceux de Claude Fauriel en France qui publie en 1837 une édition du poème de *La croisade contre les Albigeois*, ceux de Mary-Lafon qui trace un *Tableau historique et littéraire de la langue parlée dans le Midi de la France* (1842), langue dont on devrait faire « la base de l'enseignement linguistique ».

Les attaques mêmes menées contre les patois créent un intérêt en leur faveur et provoquent des recherches érudites : entre autres choses, l'enquête entreprise en 1807 par le ministre de l'Intérieur qui demandait à tous les préfets de faire traduire en idiome local la parabole de l'Enfant Prodigue.

Bref, tout concourt à créer un climat favorable à un renouveau de la langue : recherches linguistiques et littéraires, goût romantique pour le Moyen Age, attrait du folklore, des romans et contes

---

(1) *Choix des poésies originales des troubadours.*

champêtres, conception romantique du peuple et du *Volksgeist*, travaux des historiens sur la Croisade des Albigeois et le destin du Midi, etc.

b) *Le mouvement ouvrier*. — De ce mouvement nous ne dirons que peu de chose, puisqu'il ressortit essentiellement à la littérature et se caractérise surtout par l'éclosion de tempéraments poétiques populaires qui, à la suite de Lamartine, s'expriment d'abord en français. Trois noms, parmi tant d'autres : celui de Jean Reboul (1796-1864), boulanger de Nîmes, qui connut une véritable célébrité et que Dumas nommait « un Lamartine du peuple », et celui de Jasmin (1798-1864), perruquier d'Agen, que Lamartine salua du nom d' « Homère sensible des prolétaires ». Son renom ne fut pas moindre que celui de Reboul, mais à la différence du poète de Nîmes, Jasmin écrivit toute son œuvre en occitan et s'en vantait. La consécration des savants, d'ailleurs, malgré son étonnement, le remplissait au fond d'orgueil :

Apelavan ma lenga una lenga romana.

Ce vers est vraiment symbolique de cette jonction de deux courants, de deux attitudes vis-à-vis de l'occitan renaissant : *sa langue*, c'est son patois quotidien, support de ses affects et de sa mythologie intime ; la *lenga romana*, consécration des érudits, en est une autre vision, qui élève très haut son patois en lui donnant plus ample portée. Un troisième poète enfin, un peu plus jeune de quelques années, et qui s'intègre à ce mouvement qu'on a pu appeler les « réalistes marseillais », le rude chanteur populaire Victor Gelu (1803-1885), fils de boulanger et boulanger lui aussi comme Reboul. Une vie difficile de prolétaire, un tempérament farouche et indépendant, une verve plébéienne intarissable, un grand amour pour le peuple dont il chante les misères : tels sont les traits essentiels de la physionomie de ce poète dont l'attitude méprisante à l'égard du Félibrige n'empêcha pas Mistral d'écrire la préface à la réédition de ses *Chansons* et de le saluer respectueusement comme un des meilleurs représentants de la poésie provençale.

Du point de vue qui nous préoccupe dans ce livre, le cas des poètes ouvriers est intéressant dans la mesure où il illustre bien « la courbe de ce mouvement populaire qui essaie d'abord de s'exprimer en français (à l'exception de Jasmin) à l'imitation des grands modèles admirés à l'école et, devant son impuissance à réaliser des œuvres viables, revient à l'expression provençale. Ce sera la marche même de la pensée de Roumanille, qui sera lui-même le guide de Mistral et lui évitera les tâtonnements d'une telle évolution » (E. Ripert).

c) *Le mouvement bourgeois et esthète*. — Nous voulons dire un mot maintenant de cette littérature mineure à laquelle nous avons fait allusion plus haut et qui, à partir de la première renaissance, et jusqu'au Félibrige, va permettre à la langue de maintenir une certaine dignité littéraire. Le mouvement savant était surtout tourné vers le passé : philologues et historiens, quel que soit le halo romantique qui entoure leur quête, voient essentiellement la langue et l'ancienne culture d'oc comme un objet de recherches érudites ; les poètes ouvriers, et surtout les réalistes marseillais, emploient la langue d'oc un peu comme un défi : pour poser linguistiquement leur dynamisme de prolétaires ; les poètes bourgeois, ou gens de petite noblesse, eux, se situeront entre ces deux extrêmes. Un Aubanel de Nîmes (nullement l'ancêtre du poète de la *Miugrana*), traduit Anacréon en vers languedociens et fait une tentative nouvelle d'orthographe phonétique. Le bibliothécaire Diouloufet (1771-1840) publie en 1819 *Leis Magnans*, poème en quatre chants sur les vers à soie, terminé par un épisode emprunté aux *Métamorphoses* d'Ovide et, un peu plus tard, les *Géorgiques* provençales. Il conçoit même le projet d'un dictionnaire provençal-français qu'il doit abandonner. L'avocat Thouron (1794-1872), ancien élève de l'Ecole Normale Supérieure, écrit, en guise de distraction, quelques traductions d'Horace en vers provençaux, des passages des *Bucoliques* et des *Géorgiques*. On pourrait citer bien d'autres noms. Des lettrés en somme, à la fois savants et esthètes, pour qui la langue d'oc est surtout un jeu de réminiscences pseudo-classiques. Il n'y a chez eux, ni le sérieux des premiers romanistes, ni la foi des poètes ouvriers ; un amateurisme assez désinvolte mais, certes, un goût très sûr, et une indéniable passion pour la langue, quel que soit d'ailleurs le peu de confiance qu'ils aient eu en son avenir.

D'un point de vue strictement linguistique, quel est le bilan de tout cela ? Assez maigre, il faut bien le dire. La langue existe, solide encore et profondément incarnée : et c'est là sa plus belle arme de défense. Mais aucune action n'est entreprise pour la défendre systématiquement, aucun sens de sa pureté, aucun essai de normalisation orthographique ou morphologique. Les « savants » sont tournés vers le passé et ne s'en soucient pas encore. Quant aux poètes ouvriers, outre leur incapacité dans ce domaine, un essai quelconque de codification linguistique leur eût paru absolument incompatible avec cet anarchisme bouillant et si sympathique qui fait le plus clair de leur personnalité. On sait le mépris exprimé par Victor Gelu à l'encontre de ceux qui voulaient régenter une langue qui, pour lui, était précisément l'expression même de l'indiscipline. Jasmin lui-même ne se soucie pas d'épurer sa langue, ni dans sa grammaire, ni dans sa graphie : elle a pour lui essentiellement valeur humaine et poétique.

d) *Le dictionnaire d'Honnorat*. — Pourtant la nécessité d'un certain réalisme linguistique se faisait de plus en plus sentir. C'est le Dr Honnorat qui, profitant des intuitions des érudits antérieurs, va donner à la langue d'oc son premier monument lexicologique solide : son *Dictionnaire provençal-français*, publié d'abord par fascicules, de 1840 à 1848, paraît à Digne en 1846 et 1847. Cette œuvre énorme, qui comprend plus de cent mille mots, anciens et modernes, est non seulement un dictionnaire, mais une véritable encyclopédie du Midi. Un des premiers, Honnorat a le sens de la *langue* dans sa continuité historique et géographique : il adopte un système graphique à la fois cohérent et traditionnel, tenant à la fois compte de l'étymologie et de la pluralité dialectale. Il replace en outre l'occitan à sa juste place dans le concert des langues néo-latines. Certes, on peut lui reprocher ses étymologies fantaisistes (mais nous sommes en 1846), ses précisions encyclopédiques souvent parfaitement inutiles, mais on ne peut que s'incliner devant ce « monument de patience et d'intelligence » (Ripert) dont Roumanille devait dire qu'il avait « heureusement achevé ce que, avant lui, d'autres n'avaient pu qu'ébaucher ». Mistral lui-même avoue que ce dictionnaire « lui a beaucoup servi » et qu'il n'aurait pu composer son *Trésor du Félibrige* sans l'immense travail du docteur alpin.

Honnorat fait donc vraiment figure de précurseur,

autant par sa vision écrite de l'occitan, que les félibres devaient finalement condamner, que par son constant souci d'allier son énorme érudition à une consécration nouvelle de la langue. A la différence du mouvement savant, son érudition, si l'on peut dire, est utilitaire et tournée vers l'avenir. Le Félibrige, bien qu'il n'ait pas suivi jusqu'au bout ses leçons, lui devra beaucoup : à partir de lui, la langue d'oc reprend véritablement conscience de sa dignité et de sa cohérence.

II. — Le Félibrige et la restauration de la langue

Le Félibrige a marqué de son sceau la deuxième renaissance occitane. Avant de l'aborder, signalons un certain parallélisme entre les deux renaissances, avec la même dialectique qui les caractérise. C'est conjointement à la première déchéance du XVIe siècle que se produit la première renaissance ; c'est au moment même où la civilisation industrielle du XIXe siècle paraît avoir porté à la langue un dernier coup que se précisent les linéaments d'une seconde renaissance.

Nous ne rappellerons pas ici les détails de la fondation du Félibrige qu'on peut trouver dans tous les manuels de littérature méridionale. On sait que le 21 mai 1854, jour de Sainte-Estelle, sept jeunes poètes provençaux (Frédéric Mistral, Joseph Roumanille, Théodore Aubanel, Anselme Mathieu, Alphonse Tavan, Paul Giéra et Jean Brunet) se réunirent au château de Font-Ségugne, près de Châteauneuf-de-Gadagne, pour poser sérieusement, et pour la première fois, les fondements d'une véritable restauration de la langue et de la littérature provençales. Une dénomination nouvelle, celle de *félibre*, un organe de presse nouveau, l'*Almanach provençal (Armana prouvençau)*, un programme assez bien délimité, encore que flou dans son application, de grammaire et d'orthographe, une vision neuve, surtout, de la langue dans ses rapports avec l'expression littéraire : telles sont les caractéristiques essentielles du Félibrige naissant. Le succès de *Mirèio*, de Frédéric

Mistral, en 1859, consacra la réussite littéraire du jeune mouvement. Certes, tout cela n'était pas une création *ex nihilo*, mais bien « l'aboutissement de ce foisonnement de vie qui anima les lettres d'oc de 1789 à 1850 » (Ch. Camproux); pourtant, et pour la première fois, on voyait clairement une organisation et un programme.

Quels furent donc les traits essentiels de cette œuvre de restauration linguistique ? Mistral lui-même, dans ses *Mémoires* de 1906, expose le triple but qu'il s'était assigné quand, ses études de droit terminées, il rejoint son Mas du Juge :

1º Relever, raviver en Provence le sentiment de la race ;
2º Restaurer la langue naturelle et historique du pays ;
3º Rendre au provençal sa dignité par la consécration de la poésie.

Mais que voulait dire Mistral par restauration de la langue ? Quel a été, dans ce domaine, l'apport incontestable du Félibrige ? Quelles ont été aussi ses faiblesses ?

A) *L'orthographe.* — Une des premières tâches du Félibrige fut de fixer la langue écrite, une langue qui avait perdu depuis des siècles ses traditions graphiques. A part le cas de quelques isolés, le seul système graphique que connaissent les écrivains occitans depuis le XVIe siècle est celui du français : système étranger et inadéquat, de plus appliqué sans rigueur, au gré de fantaisies personnelles. Sans parler de la pluralité dialectale qui rendait encore plus malaisée toute normalisation écrite de la langue littéraire. Comme le fait remarquer l'abbé Salvat, « les esprits qui, vers le milieu du XIXe siècle, prennent conscience de la nécessité d'une restauration, se trouvent devant une alternative qui revêt les caractères d'un véritable drame. Vont-ils continuer à écrire cette langue misérablement, c'est-à-dire avec une façon d'écrire à la française, les sons qu'elle a conservés » ? Ou bien se rallieront-ils à une graphie traditionnelle, étymologique sans pédantisme, fixant la langue à la fois dans le temps et dans l'espace ? C'est entre ces deux tendances que vont évoluer Mistral et le Félibrige naissant : divorce intérieur qui ne semble pas avoir paralysé son élan, du moins à l'origine, mais qui, une fois apaisée la fougue de jeunesse, mettra obstacle, et jusqu'à aujourd'hui, à son extension en profondeur. Mais voyons les faits.

Dès 1853, Roumanille publie son poème la *Part dau bon Dieu*, qu'il fait précéder de longues considérations sur l'orthographe provençale. Il s'y montre partisan résolu de l'orthographe phonétique, en particulier de la suppression de l'*r* des infinitifs, de l'*s* des pluriels, du *t* des participes passés, qui ne se font plus entendre dans les parlers d'Arles et d'Avignon. En contrepartie, Roumanille adopte la notation simple des diphtongues *au*, *éu*, *òu*, celle de *-avon*, *-èron* pour les désinences verbales, le rétablissement de certaines consonnes amuïes : *r* ou *l* devant *yé*, intervocaliques comme *-z-*, finales comme *s* (ex. *pradarié*, *capoulié*, *camiso*, *venès*, *bras*, etc., au lieu de *pradaié*, *capouié*, *camié*, *venè*, *bra*, etc.).

Mais les choses n'avancent guère. Malgré deux congrès successifs, à Arles (en 1852) et à Aix (1853), rien de définitif n'est encore fait quant à la fixation écrite de la langue. Les fondateurs du Félibrige comprirent qu'il fallait en sortir et, après bien des réserves, c'est la graphie dite phonétique (en réalité plus française que phonétique) qui, sous l'impulsion de Roumanille, finalement l'emporta. Non sans résistance certes, comme le montre la correspondance échangée entre Roumanille et Mistral, le disciple n'acceptant pas sans discussion l'opinion de son ancien maître. Le prestige de l'ancienne langue, l'exemple des poètes d'Aix et de Marseille, la science d'érudits comme Croisillat, Honnorat ou même Fabre d'Olivet, ses études personnelles de philologie romane, tout cela est en effet d'un grand poids pour Mistral, mais il ne réussit pas à imposer son point de vue : le caractère quelque peu dictatorial de Roumanille eut finalement le dessus (1). Mistral accepta, et resta toute sa vie fidèle aux principes de 1854 : ses propres chefs-d'œuvre en avaient fait, presque à son insu, *sa* graphie.

Un exposé complet sur la graphie félibréenne dépasserait les bornes de ce petit livre. On en trouvera une étude exhaustive dans la brochure de J. Ronjat, *L'ourtougràfi prouvençalo* (1908) et dans l'immense *Grammaire Istorique* (sic) *des Parlers Provençaux modernes*, I, p. 77-108. La transcription en graphie mistralienne de la *Parabole de l'Enfant Prodigue* (cf. ci-dessus le texte en graphie phonétique) en donnera d'ailleurs une idée plus claire au lecteur.

Un ome avié rèn que dous fiéu. Lou pus jouine diguè à soun paire : « Es tèms que fugue moun mèstre e qu'ague de sòu ; fau que posque m'en ana e que vegue de païs. Partajas voste bèn e dounas-me ço que deve avé. » — « O moun fiéu », faguè lou paire, « coume voudras ; sies un marrit e saras puni ». E pièi durbiguè un tiradou, partajè soun bèn e n'en faguè dos part.

Quàuqui jour pièi, lou marrit s'en anè dóu vilage en faguènt lou farot e sènso dire adiéu à degun. Atraversè forço planuro, bos e ribiero e arribè dins uno grand vilo mounte despensè tóuti si sòu. Après quàuqui mes, deguè vèndre sis abihage à uno vièio femo e se louguè pèr gnarro : lou mandèron dins li terro per ié garda lis ase e li biòu. Adounc fuguè bèn malurous. Aguè plus ges de lié pèr dourmi la niue nimai de fio per se caufa quouro avié fré. Avié de cop tant fam qu'aurié bèn manja aqueli fueio de caulet e aqueli frucho pourido que manjon li porc ; mai degun ié dounavo rèn.

Un vèspre, lou vèntre vuege, se leissè toumba sus un to d'aubre ; e agachavo pèr la fenèstro lis aucèu que voulavon lóugieramen. E pièi, veguè parèisse dins lou cèu la luno e lis

---

(1) Les points litigieux étaient entre autres : l'*-s* du pluriel, l'*-r* de l'infinitif et le *-t* des participes passés. Ce sont ces points qui opposeront encore les félibres à un Damase Arbaud qui écrivait dix ans après, en 1864, dans sa préface au deuxième volume de ses *Chants populaires de Provence* : « L'orthographe suivie par l'Ecole avignonnaise est radicalement différente de celle des troubadours ; elle n'est pas l'orthographe qui convient à la langue provençale. »

estello e se diguè en plourant : « Eila, l'oustau de moun paire es plen de gnarro qu'an de pan, de vin, d'iòu e de froumage tant coume n'en volon. Enterin, iéu more de fam eici. »

B) *Le provençal littéraire*. — La solution aux problèmes de la graphie et de l'épuration de la langue s'est heurtée tout d'abord à un obstacle majeur, que les félibres ont bien senti, mais qu'ils n'ont pas su résoudre d'une manière satisfaisante : l'obstacle dû à l'éparpillement dialectal de l'occitan et du provençal lui-même. Ainsi s'est posée en premier lieu la question du choix du dialecte littéraire. En réalité, ce problème s'est trouvé résolu d'emblée par le fait même que la plupart des premiers félibres étaient tous de la région d'Avignon et d'Arles. Le provençal littéraire a donc pour base le dialecte rhodanien (cf. chap. II), en particulier le parler de Maillane, patrie de Mistral. C'est à partir de là que s'est élaboré tout le travail d'épuration, de fixation et d'enrichissement accompli par Mistral.

En réalité, le goût très sûr de l'auteur de *Mirèio* lui a permis d'éliminer parfois du parler maillanais les formes ou sons trop particuliers et de leur préférer des types phonétiques ou morphologiques plus généralement répandus ou simplement moins aberrants. C'est ainsi que *femo, femello, semena, cementèri* sont préférés à *fumo, fumello, samena, çamentèri* ; la 1re pers. plur. en *-an* < *-amus* et le participe présent en *-ant* sont préférés aux formes en *-en*, *-ent* (*cantan, cantant* au lieu de *canten, cantent* « nous chantons, chantant ») ; la tendance à la fermeture de *a* en *è* derrière nasale *(pan > pèn, man > mèn)* n'est pas consignée dans la langue littéraire, non plus que la chute du *-z-* intervocalique (*camiso*, au lieu de *camié, pesoui* au lieu de *péu* « pou »). Il est vrai que ce dernier phénomène est inconnu en bas-rhodanien et caractérise surtout le marseillais.

Quant à l'enrichissement de la langue, il a consisté essentiellement à faire entrer dans le lexique, en les adaptant phonétiquement, tous les mots utiles qui n'étaient pas d'usage dans le parler de base, en particulier les termes techniques : « Noms d'oiseaux, d'insectes, de plantes, d'outils, d'agrès, d'ustensiles familiers, de mots de culture, d'élevage, d'industrie, de chasse, de pêche, de navigation, que la traduction ne peut rendre que par des équivalents sans précision ou de pédantesques dénominations scientifiques. » Mais il a consisté en outre à revenir au vrai génie de la langue, singulièrement à ses facilités de dérivation et de composition qui font du provençal, à l'instar de tous les dialectes occitans, une langue extrêmement riche et propre à rendre les plus subtiles nuances de l'affectivité.

Comment et par qui fut menée à bien cette tâche ? Là encore, c'est le seul Mistral qui sut en créer l'instrument. Le *Trésor du Félibrige*, véritable monument du provençal et des autres dialectes d'oc, à la fois ouvrage de lexicologie et encyclopédie méridionale, avec ses deux volumes in-quarto de plus de onze cents pages, fruit de « vingt années de travail de nègre », selon les propres termes du poète, le *Trésor*, malgré ses insuffisances de documentation et de technicité (Mistral n'était pas philologue de métier), reste aujourd'hui encore un instrument de travail indispensable.

A vrai dire, on sait peu de chose sur sa genèse. Il semble que Mistral n'ait eu d'abord pour toute ambition que de faire, pour son usage personnel, un supplément au dictionnaire d'Honnorat dont il faisait grand cas. C'est ensuite seulement que, pris à son propre jeu et guidé par un sens linguistique inné, il aurait peu à peu entrepris et mené jusqu'à son terme sa grande œuvre lexicologique.

C) *Portée et limites de la réforme mistralienne.* — Il est incontestable que la réforme félibréenne a marqué une étape décisive dans la restauration de la langue. Avant elle, c'était l'anarchie la plus totale ; avant elle surtout, *on ne croyait pas* à une survie possible de l'occitan et, encore moins, à ses possibilités littéraires, du moins dans les « grands genres ». Pour la première fois, la poésie d'oc sort de l'amateurisme pour s'affirmer à l'échelle de la littérature universelle : réforme concertée de la langue et, plus encore peut-être, acte de foi quant à son devenir, qui nous a valu *Mireille* et *Calendal*. Les félibres, après bien des tiraillements, on l'a vu, ont su mettre sur pied un système graphique qui, quoi qu'on en puisse penser, a au moins pour lui le mérite, après des siècles de laisser-aller, d'être un système, simple et relativement cohérent. Le génie de Mistral, et c'est là la meilleure et la pire des choses, a fait le reste.

Le Félibrige en effet, malgré les apparences, a été surtout l'œuvre d'un seul homme. Qu'on songe à ce qu'il eût été sans l'écrasante personnalité de Mistral : « Une coterie parmi tant d'autres » (R. Lafont). Tour à tour poète, prosateur, linguiste, organisateur, journaliste, homme d'action, Mistral a été tout et partout. Il a été en outre l'homme de ses chefs-d'œuvre. Mais l'auréole d'un poète, pour grand qu'il ait pu être, ne suffit pas à maintenir la cohésion et le dynamisme d'une langue, expression d'une collectivité : le droit de chef-d'œuvre, quelle que soit sa force, ne remplace pas les efforts concertés de spécialistes ou la tension vers un même but de volontés lucides. Le culte de Mistral, le mythe de son univers ont certes dynamisé les énergies à une époque donnée, mais ils les sclérosent aujourd'hui. Le Félibrige lui-même commence à s'en rendre compte (1).

Une deuxième carence de la réforme félibréenne, c'est qu'elle s'est appuyée avant tout sur l'état linguistique d'un sous-dialecte rhodanien, particulièrement aberrant au sein du provençal et, *a fortiori*, par rapport à l'ensemble de l'occitan. La graphie de Roumanille a été conçue pour les seuls parlers avignonnais, ce qui en limite considérablement la portée. On le vit bien lorsque le succès foudroyant de *Mireille* fit élargir les ambitions mistraliennes, non seulement à la Provence, mais à l'Occitanie tout entière. Alors, la réforme se solda par un demi-échec. Non pas que l'éclatant exemple de Mistral n'ait suscité d'innombrables vocations poétiques : mais la conception félibréenne de la langue, trop étriquée, rendit difficilement applicable aux autres dialectes une réforme qui ne manquait pourtant pas, au départ, de dynamisme conquérant. La preuve en est dans les inconséquences graphiques et linguistiques des écrivains non provençaux : languedociens, gascons ou limousins. La graphie, et surtout la vision félibréenne de la langue ont isolé le provençal, non seulement des autres parlers d'oc, mais encore de la vieille langue et des autres langues néo-latines, du catalan en particulier.

Cela est certes beaucoup plus grave que les inconséquences de détail du système mistralien sur lesquelles il serait facile de s'appesantir : normalisation morphologique insuffisante, gallicismes maintenus, mots savants mal adaptés, notations françaises comme le digraphe *ou* pour un seul phonème [u], bizarreries graphiques comme *douge*, *trege* « douze, treize », qui proviennent de la convergence en un seul phonème des

---

(1) En 1954, après la mort de Marius Jouveau (1949) et de Joseph d'Arbaud (1950), le centenaire du Félibrige passa à peu près inaperçu. Mais le *Groupement d'Etudes provençales*, fondé à Toulon en 1952, est-il vraiment un « nouveau Font-Ségugne » et arrivera-t-il à enrayer la crise profonde du Félibrige ?

afriquées *dj* (ex. *getar*) et *dz* (ex. *tretze*) ; bizarreries encore comme *kiue, niue, iue (iue = yœ)* « cuit, nuit, œil », *vue* « huit », *vounge* « onze » ; sans compter des discriminations encore plus étranges (cf. *Almanach* de 1859), comme celle qui consistait à maintenir d'une part les lettres étymologiques « douces, qui ne dénaturent pas la prononciation, comme les *d*, les *m*, les *p*, les *s*, les *t* » et d'écrire, par exemple, *blad* « blé », *fum* « fumée », *trop* « trop », *esprit* « esprit » ; d'écarter d'autre part les « lettres trop dures », comme les *c*, les *ch*, les *k*, les *r*... et de graphier *trau* (pour *trauc*) « trou », *fio* (pour *fuoc*) « feu », *niue* (pour *nuech*) « nuit », *lavadou* (pour *lavador*) « lavoir », *sadou* (pour *sadol*) « soûl », etc.

Mais, nous le répétons, là n'est pas l'essentiel : une graphie est toujours une question de convention et les félibres, après tout, n'étaient pas des linguistes. Les faits toutefois devaient leur donner tort : leur réforme linguistique était inapplicable aux autres parlers occitans, pourtant plus solides et plus près de la vieille langue, mais auxquels avait manqué la consécration du génie. Il y avait certes une solution : faire du dialecte d'Avignon et d'Arles la langue nationale de tous les pays d'oc. Mais là encore, cette tentative était vouée à l'échec « faute d'un centre politique assez puissant pour imposer cette vue. Ce rôle aurait pu être joué par une métropole comme Marseille, mais une telle préoccupation était loin de tenir la moindre place dans l'esprit des magnats de la finance, de l'industrie et du commerce marseillais. Dès lors, « le droit de chef-d'œuvre » sur lequel on s'appuya ne pouvait guère avoir de force » (Camproux).

Tels sont les problèmes, fort épineux il faut bien le dire, qui se sont posés au Félibrige. Monté en flèche par la seule grandeur d'un homme, il s'est peu à peu désagrégé lorsque celui-ci a disparu. Et le culte que les disciples rendaient encore au Maître, pour respectueux et mérité qu'il puisse être, ne pouvait être une solution au problème d'une seule Provence pensante et agissante au sein d'une Occitanie qui se cherchait. Un siècle de Félibrige rend aujourd'hui possible un recul historique suffisant qui devrait pouvoir permettre un jugement sans passion. Dénoncer les indéniables faiblesses du Félibrige ne signifie d'ailleurs pas une condamnation systématique d'une action qui, comme toute chose humaine, s'est inscrite, à un moment donné, dans un contexte historique et sociologique bien déterminé. L'auteur de *Calendal* n'avait sans doute pas une vision parcellaire de la cause occitane, mais son époque et son entourage ne lui apportaient pas encore les moyens de la défendre jusqu'au bout. Et cela, on ne saurait le reprocher ni au poète (1), ni au Félibrige. Mais le recul de l'histoire nous permet aussi de dire, et sans ambages, que ce même Félibrige n'a été qu'une étape.

III. — La réforme occitane

La réforme linguistique félibréenne, en s'étendant, achoppa donc aux difficultés dues à la notation des dialectes autres que le provençal rhodanien. Un des premiers à s'en rendre compte fut un curé du Limousin, l'abbé Joseph Roux, qui se décida de lui-même à adopter « une orthographe se rapprochant le plus possible de celles des troubadours », comme le demandait, en 1876, le Consistoire des Jeux Floraux de Barcelone. Majoral du Félibrige

---

(1) Mistral n'écrivait-il pas encore, vingt ans après la fondation du Félibrige, dans une lettre de 1874 adressée à Achille Mir : « Il faut, si l'on veut exister, affirmer carrément son existence, en reprenant les traditions de notre littérature méridionale. Il faut expulser hardiment tous les gallicismes et appliquer à nos dialectes modernes le système orthographique des troubadours du XIIIe siècle.

en 1876, il présenta au concours de la *Société archéologique* de Béziers quelques poèmes graphiés selon ses normes. En particulier, il notait par un *a* (et non par un *o*) la finale atone, écrivant par exemple *lenga* « langue » au lieu de *lengo* : ce qui lui fut reproché par le rapporteur général, Gabriel Azaïs. L'abbé Roux ne se découragea pourtant pas et, l'année suivante, accompagna son envoi d'une note explicative où il préconisait en outre l'adoption de l'*r* des infinitifs et de l'*m* de la première personne du pluriel des verbes. Sa *Chanson limousine* parut en 1888. Sa réforme graphique fut mal accueillie en Provence et le Félibrige limousin fut quelque temps considéré comme un schisme.

Cette réforme n'était cependant qu'un point de départ. Elle fut reprise et menée à bien par deux poètes languedociens, Prosper Estieu et Antonin Perbosc. Dépassant le localisme linguistique des félibres, ils firent marcher de pair l'étude de la langue ancienne et des parlers usuels et mirent sur pied un système à la fois traditionnel et logique tendant à unifier orthographiquement les divers dialectes. Leur parler de base, le languedocien, plus conservateur et plus central que le provençal, les mettait à même d'accomplir presque spontanément cette tâche. Les points essentiels par lesquels ils améliorèrent la graphie de l'abbé Roux furent le remplacement du digraphe français *ou* par *o* (correspondant au *o* fermé de l'ancienne langue) et la notation par *ò* du *o* ouvert. Ils adoptèrent en outre, comme le demandait déjà Damase Arbaud en 1864, le digraphe *tz* pour la 2ᵉ pers. du plur. des verbes, distinguant ainsi : *cantats* « chantés » de *cantatz* « vous chantez ».

Cette nouvelle graphie, fondée sur l'étymologie et qu'on appela « néo-romane », ne fut pas créée d'une seule pièce. Sa première manifestation remonte à 1899, avec les *Bordons Pagans* de Prosper Estieu. De toute façon, dès 1904, le programme de restauration linguistique est nettement délimité : il sera l'œuvre, non d'un seul homme, fût-il Dante ou Mistral, mais de tous les écrivains occitans. Ses principes sont les mêmes que ceux de Mistral, plus systématiques dans leur application ; mais l'adoption, avec quelques modifications, de la graphie classique des anciens *trobadors* est véritablement une nouveauté importante. Nouveauté aussi la vulgarisation du terme *occitan*, qui impliquait une nouvelle vision de la langue et sur laquelle nous reviendrons plus loin.

Les principes occitans furent consacrés par la fondation, le 6 juillet 1919, au manoir d'Avignonet, de l'*Escola Occitana* et de la parution, sous l'égide de l'Académie des Jeux Floraux de Toulouse, de la revue *Lo Gai Saber*. Cette nouvelle école, à vrai dire, fut plutôt un schisme par rapport au Félibrige qu'une rupture complète et systématique avec lui.

Mais le système Perbosc-Estieu ne devait pas fournir toutefois la solution définitive. Il péchait encore en effet par un manque de systématisation dans les détails : par exemple, pas de distinction entre le -*b*- et le -*v*- romans intervocaliques (*abia* pour *aviá*, *cantaba* pour *cantava*), entre le -*s*- et le -*z*- romans (*ròza* « rose » et *veze* « voir ») (1) ; une normalisation morphologique encore timide, une typisation des graphismes encore hésitante. Peu de chose toutefois : il ne manquait plus qu'un dernier polissage à l'œuvre entreprise.

Ce dernier polissage fut l'œuvre du philologue

---

(1) Le système d'Alibert, de son côté, généralise dans l'autre sens et écrit, par exemple, *ausèl* « oiseau », *cosina* « cuisine comme *ròsa*, *pesar* « peser ».

Louis Alibert qui publia, en 1935, son énorme *Gramatica Occitana segon los parlars lengadocians*, monument de plus de 500 pages, première grammaire vraiment scientifique de la langue d'oc. Préconisant un essai de conciliation entre le système mistralien, celui de Perbosc-Estieu et celui de l'*Institut d'Estudis Catalans* de Barcelone, rejetant les graphies spécifiquement catalanes telles que *ll*, *ny*, *ix*, *tx*, *ig* (remplacées par *lh*, *nh*, *is*, *ch*, *g*), Louis Alibert a mis sur pied un système qui actualise une certaine vision unitaire de la langue : dans le temps d'abord, par le retour à des principes traditionnels depuis les troubadours, dans l'espace ensuite, par le biais du *graphisme-support*, qui correspond à une seule et même image graphique sous-tendant les variantes phonétiques les plus caractéristiques de nos dialectes (1). A telle enseigne qu'il devient relativement aisé à un Gascon de comprendre le provençal, à un Provençal de comprendre le limousin, et surtout à un Catalan de lire l'occitan et réciproquement. A cela il faut ajouter la poursuite du travail de purification et d'unification morphologique, si bien que les Occitans disposent aujourd'hui d'un instrument linguistique absolument adéquat à l'expression poétique, philosophique et scientifique, en même temps que parfaitement adapté à tous les besoins d'une langue véhiculaire. La parution de la *Gramatica Occitana*

(1) Un exemple fera mieux comprendre. Un mot tel que *jorn* « jour » recouvre en réalité une pluralité de prononciations telles que *jur*, *djur*, *djun*, *dzur*, *tsur*, *tsun*, etc. Noter chacune de ces divergences articulatoires oblige le lecteur à un effort d'adaptation confinant au malaise, obstacle presque insurmontable à l'intercompréhension écrite, non soutenue par le contexte situationnel de la langue parlée. L'expérience a d'ailleurs prouvé que les sujets parlants cristallisent sans difficultés leurs prononciations spécifiques autour d'une seule et même image graphique. N'en est-il pas d'ailleurs de même, quoique dans une moindre mesure, du français ?

a réellement marqué un tournant dans la consécration de notre langue (1).

Mais cette grammaire était essentiellement tournée vers le languedocien. Il convenait d'étendre aux autres dialectes d'oc la réforme qu'elle préconise. Ce fut le travail de l'*Institut d'Etudes Occitanes* (I.E.O.), créé en 1945 et faisant suite à l'ancienne *Societat d'Estudis Occitans* (S.E.O.). En 1951, Robert Lafont publie sa *Phonétique et graphie du provençal, Essai d'adaptation de la réforme linguistique occitane aux parlers de Provence*. L'année suivante, Louis Alibert, Pierre Bec et Jean Bouzet lancent le principe d'une application de la réforme linguistique occitane au gascon : réforme déjà latente depuis 1928 grâce aux efforts de Jean Bouzet. Ces principes, consignés dans plusieurs brochures et opuscules de l'I.E.O., sont passés dans le domaine des faits par suite de l'adhésion à la graphie d'Alibert de la plupart des jeunes écrivains gascons ; grâce aussi aux nécessités pédagogiques dont nous parlerons plus loin. Le nord-occitan enfin, un des premiers dialectes, on l'a vu, à retrouver la graphie classique, a suivi le mouvement grâce à l'action des Limousins Paul-Louis Grenier (1879-1954), Jean Mouzat et Joseph Migot. A l'heure actuelle, la revue historique et archéologique *Lemouzi* ne publie guère que des textes en graphie normalisée.

Un exemple clair valant mieux qu'un exposé abstrait, nous allons maintenant présenter au lecteur la transcription occitane des différentes versions dialectales de la *Parabole de l'Enfant Prodigue* que nous avons données au chapitre II. Nous y adjoindrons en outre le texte catalan. On notera en même temps les normalisations morphologiques.

LANGUEDOCIEN (OCCITAN CENTRAL)

Un òme aviá pas que dos dròlles. Lo plus jove diguèt a son paire : « Es ora pèr ièu de me governar sol e d'aver d'argent ; me cal poder partir e véser de païs. Despartissètz lo vòstre ben e donatz-me çò que devi aver. » — « O mon filh », diguèt lo paire, « coma voldràs tu ; siás un marrit e seràs castigat ».

---

(1) Parallèlement à la *Gramatica*, Louis ALIBERT est l'auteur d'un *Dictionnaire occitan-français*, œuvre posthume qui vient d'être publiée par les soins de l'Institut d'Etudes Occitanes.

110

Apuèi dubriguèt una tireta, despartiguèt lo sieu ben e ne faguèt doas parts.

Qualques jorns aprèp, lo marrit se'n anèt del vilatge en se conflant e sens dire adieu a degun. Traversèt fòrça bosigas, fòrça bòsques, fòrça ribièiras, e arribèt dins una granda vila ont emmercèt tot l'argent. Al cap de qualques meses, calguèt que vendèsse la farda a una vièlha femna e se loguèt pèr vailet : lo mandèron pèls camps gardar los ases e los buòus. Alara foguèt plan malaürós. Aguèt pas mai de lèit pèr dormir la nuèit ni de fuòc pèr se calfar quand aviá freg. Aviá qualque còp talament talent qu'auriá plan manjadas aquelas fuèlhas de caulet e aquela frucha confida que manjan los pòrcs ; mas degun li balhava pas res.

Un ser, lo ventre trèulhe, se daissèt tombar sus un rolh ; e agachava pèr la fenèstra los aucèls que volavan leugièiramant. Apuèi veguèt paréisser dins lo cèl la luna e las estèlas e se diguèt en plorant : « Enlà, l'ostal del paire es plen de vailets qu'an de pan e de vin, d'uòus e de formatge tant que vòlon. D'aquel temps ièu aicí morissi de fam. »

PROVENÇAL

Un òme aviá rèn que dos fius. Lo plus joine diguèt a son paire : « Es tèmps que fuga mon mèstre e qu'aga de sòus ; fau que posca me'n anar e que vega de país. Partatjatz vostre bèn e donatz-me çò que deve aver. » — « O mon fiu », faguèt lo paire, « coma voudràs ; siás un marrit e seràs punit ». E puèi dubriguèt un tirador, partatgèt son bèn e ne faguèt doas parts.

Quauqui jorns puèi, lo marrit se'n anèt dau vilatge en fasènt lo faròt e sènsa dire adieu a degun. Atraversèt fòrça planuras, bòscs e ribièras e arribèt dins una grand vila ont despensèt toti si sòus. Après quauqui mes, deguèt vèndre sis abilhatges a una vièlha femna e se loguèt pèr nharro : lo mandèron dins li tèrras pèr i gardar lis ases e li buòus. Adonc fuguèt bèn malurós. Aguèt plus ges de lièch pèr dormir la nuèch ni mai de fuòc pèr se caufar quora aviá freg. Aviá de còps tan fam qu'auriá bèn manjat aqueli fuèlhas de caulet e aqueli fruchas poiridas que manjan li pòrcs ; mas degun i donava rèn.

Un vèspre, lo vèntre vuège, se laissèt tombar sus un tòc d'aubre ; e agachava pèr la fenèstra lis aucèus que volavan leugièramant. E puèi veguèt parèisser dins lo cèu la luna e lis estèlas e se diguèt en plorant : « Ailà, l'ostau de mon paire es plen de nharros qu'an de pan, de vin, d'uòus e de fromatge tan coma ne vòlon. Enterin ieu mòre de fam aicí. »

AUVERGNAT

Un òme aviá mas dos garçons. Lo plus joine diguèt a son paire : « Lo moment es vengut que sia mon mèstre e que aja d'argent ; chal que puèscha me'n anar e que veja de país. Partatjatz vòstre ben e bailatz-me çò que deve aver. » — « O mon garçon », diguèt lo paire, « coma voudràs ; siás un maissant e seràs punit. » E puèissa badèt un tirador, partatgèt son ben e ne faguèt dos morcèls.

Quauques jorns après, lo maissant se'n anèt del vilatge en fasent lo gloriós e sens dire al reveire a deguns. Traversèt un tropèl d'abuijas, de bòscs, de ribèiras e arribèt dins una granda vila e i despensèt tot son argent. Quauques mes après, deguèt vendre son abit a una vièlha femna e s'alugèt pèr èstre messatge. Siguèt enviat dins los pasturatges pèr gardar los ases e los buèus. Adonca siguèt ben malaürós. Aguèt plus de lèit pèr durmir la nuèit ni mai de fuòc pèr se chaufar quand aviá freid. De còps que i a aviá talament fam qu'auriá ben manjat quelas fuèlhas de chau e quelas fruitas puiridas que manjan los pòrcs. Mas degun n'i bailava ges.

Un sera, lo ventre voide, se laissèt tombar sobre un tròç e asesmèt pèr la fenèstra los aucèls que volatejavan. E puèissa veguèt al cial la luna e las estialas e se diguèt en plorant : « Alai, l'ostal de mon paire es plen de messatges qu'an de pan, de vin, de cacaus e de fromatge tant que ne vòlon. E ièu crèbe de fam aicí. »

LIMOUSIN

Un òme aviá mas dos filhs. Lo pus jòune dissèt a son pair : « Es temps qu'ieu siá mon mèstre e qu'aja de l'argent ; chau que puèscha me'n anar e que veja del país. Partissètz vòstre ben e donatz-me çò que devi aver. » — « O mon filh », dissèt lo pair, « coma voudràs ; sès un maissant e seràs punit ». Puèi dubriguèt una tireta, partiguèt son ben e ne faguèt doàs parts.

Quauques jorns après, lo maissant se'n anèt del vilatge en far lo gloriós e sens dire adieu a degun. Traversèt fòrça darzenas, bòscs, ribièiras e arribèt dins una granda vila ont desgalhèt tot son argent. Al chap de quauques mes, deguèt vendre sos àbits a una vièlha femna e se lugèt pèr èsser vàilet : lo mandèron dins los champs pèr i gardar los ases e los buòus. Adonc fuguèt plan malaürós. N'aguèt pus de lièch pèr durmir la nuèch ni de fuèc pèr se chaufar quand aviá freg. A beus còps aviá talament fam qu'auriá be minjat quelas fuèlhas de chaul e queus fruchs poirits que minjan los ganhons ; mas degun li donava res.

112

Un ser, lo ventre voide, se laissèt tombar sus una tronça e avisava pèr la fenèstra los ausèus que volavan leugièirament. Puèi veguèt paréisser dins lo cial la luna e las estialas e se dissèt en purant : « Alai, la maison de mon pair es plena de vàilets qu'an del pan e del vin, daus uòus e de la toma tant que ne vòlon. D'aque lmentre, ieu aicí mòri de fam. »

VIVARO-ALPIN

Un òme aviá mas dos garçons ; lo plus joeine diguèt a son paire : « es temps que sicho mon mèstre a qu'aio d'argent ; chal que pòscho m'en anar e que veso de pais. Partatjatz vòstre ben e bailatz-me çò que deve avèr. Mon efant, diguèt lo paire, coma vodràs. siás un meschant e seràs punit. E pueis badèt un tirant, partagèt son ben e ne faguèt doas parts. Quauques jorns après lo meschant se n'anèt dau vilatge en fasent lo fièr e sens dire adieu a dengus. Traversèt biaucòp de champèstres, de bòscs, de rius e arribèt en una bèla vila ont despensèt tot son argent ; quauques mes après, deupoguèt vendre sos abits aub una velha fenna e prenguèt una plaça de valet. Lo manderan pèr los prats per sonhar los asnes e los bueus.

Adoncas seguèt bien malaürós. Aguèt ges de leit per duermir la nueit, ni de fuòc per se chaufar quand aviá freid. De fes que i a, aviá ben tant fam qu'auriá ben manjat aquelas fuelhas de chaul e aquela fruta puriá que manjan los caions. Mas dengus li bailava ret ; un sera, lo ventre voide se laissèt tombar sus un sochon, e sonhèt per la fenèstra los ausiaus que volavan leugeirament. Pueis veguèt pareisser au cial la luna e las estialas e çò diguèt en plorant : aval, la maison de mon paire es plena de valets qu'an de pan e de vin e d'ueus e de fromatge tant que ne vòlon ; pendent quel temps ieu muere de fam aici.

GASCON

Un òme n'avèva pas que dus hilhs. Lo mès joen digoc a son pair : « Qu'ei temps que sia mon mèste e qu'aja argent ; que cau que posca me'n anar e que veja païs. Partatjatz vòste ben e balhatz-me çò que devi aver. » — « Que òc, mon hilh », digoc lo pair, « coma volhas ; qu'ès un maishant e que seràs punit ». Lavetz draubiscoc un tirador, que partatgèc son ben e que'n hascoc duas porcions.

Pauc de jorns après, lo maishant se'n angoc deu vilatge en

113

hèr deu gloriós e sense díser adiu a degun. Que traversèc bèth còp de lanas, bòscs, ribèras e vengoc dens ua gran vila, on despensèc tot son argent. Au cap de quauques mes, que devoc véner sa harda a ua vièlha hemna e se loguèc endà estar vailet : l'envièn aus camps endà i guardar los asos e los buòus. Lavetz qu'estèc rède malurós. N'avoc pas mès de lieit endà dròmer la nueit ni de huec endà se cauhar quand hasèva fred. Qu'avèva quauque còp tan gran hame que s'auré ben minjat aqueras huelhas de caulets e aqueths fruts poirits qui minjan los pòrcs. Mès degun non li balhava arren.

Un ser, lo vente void, que's deishèc càser sus ua soca en tot espiar pèr la frenèsta los ausèths qui volavan leugèrament. Après que vegoc paréisher dens lo cèu la lua e los lugrans e se digoc en tot plorar : « La-hòra, la maison de mon pair qu'ei plea de vailets qu'an pan, vin, uèus, formatge tant que'n vòn. Dementre jo que morissi de hame. »

CATALAN

Un home només tenia dos fills. El més jove va dir al seu pare : « Ja és hora que sigui el meu propi amo i que tingui diners ; cal que pugui anar-me'n i veure mon. Partiu el vostre bé i doneu-me el que m'escaigui. » — « Ai, fill meu », va dir el pare, « com vulguis ; ets un dolent i seràs castigat ». I desprès va obrir un calaix, va partir el seu bé i va fer-ne dues parts.

Uns dies desprès, el dolent se'n va anar del poble molt ufà i sense dir adeu a ningú. Va travessar moltes terres ermes ; molts boscos i molts rius, i va arribar a una gran ciutat a on es va gastar tots els diners. Al cap d'uns mesos, va tenir de vendre els seus vestits a une dona vella i es va llogar com a moço : el van enviar als camps per a guardar-hi els ases i els bous. Aleshores va èsser molt desgraciat. Ja no va tenir llit per a dormir a la nit ni foc per a escalfar-se quan tenia fred. De vegades tenia tanta gana que fins s'hauria menjat aquelles fulles de col i aquella fruita podrida que mengen els porcs ; pero ningú no li donava res.

Un vespre, amb el ventre vuit, va deixar-se caure al damunt d'un tronc, i mirava per la finestra els ocells que volaven lleugerament. I desprès va veure aparéixer la lluna i els estels, i va dir-se bo i plorant : « Allà-baix, la casa del meu pare és plena de moços que tenen pa i vi, ous i formatge, tant com en volen. Mentres tant jo m'estic morint de gana aquí. »

En résumé, quelle est la situation actuelle ?

Les principes occitans gagnent du terrain : cela est incontestable. La quasi-totalité des écrivains du groupe central des parlers d'oc : Languedoc, Auvergne et Limousin, a adopté le système graphique Roux-Perbosc-Alibert. En Provence même, un grand nombre d'écrivains de moins de cinquante ans, et non des moindres, ont adhéré à la réforme linguistique de l'*Institut d'Estudis Occitans (I.E.O.)* Ce ne sont pas les moins fervents. De leur côté, les écrivains gascons des dernières générations délaissent de plus en plus les principes graphiques, inspirés du français, de l'*Escole Gastou Phebus*, dont l'existence même ne se maintient plus guère, semble-t-il, que grâce au prestige *post mortem* de deux de ses meilleurs poètes, Michel Camelat et Simin Palay, respectivement disparus en 1962 et 1965. A côté de cette masse reste la partie de la Provence dont les écrivains s'en tiennent encore aux principes mistraliens. C'est là le drame douloureux de l'occitanisme moderne. Outre la graphie, c'est le terme même d'*occitan* qui est mal vu et méjugé, et par là la vision unitaire de la langue. On reproche aux Occitans d'être une « école », ce qu'ils se refusent précisément à être, on leur reproche d'écrire une langue archaïque et savante (mais les bergers provençaux lisent-ils réellement *Mireille* ?), on leur reproche enfin leur « anti-mistralisme », alors qu'il s'agit essentiellement pour eux de démystifier un culte qui déforme son objet même.

Faisons la juste part des choses. Le mouvement occitaniste, de son côté, s'est caractérisé à son départ par un anti-Félibrige systématique et parfois acerbe : il était en effet facile de se moquer des cigales, des décorations, de la hiérarchie félibréenne, des discours enflammés et des bruyantes *taulejado*. Mais toute manifestation collective a son folklore : cela n'est pas grave. Nous savons que le Félibrige a été et pourrait être encore autre chose. Reste le déplacement, douloureux pour certains Provençaux, de tout l'occitanisme vers le Languedoc. La seule Provence mistralienne n'est plus le centre d'attraction par excellence de la culture d'oc. Mistral, malgré tout son prestige, n'arrive plus à faire le contrepoids. Ressentiment et un tantinet de mauvaise conscience peut-être, devant un occitanisme qu'on sent dynamique et envahissant : on se rallierait peut-être, mais il y a Mistral...

On peut comprendre cette attitude, l'excuser même. Mais l'intérêt de la langue et de la culture d'oc demande de passer outre. Le mouvement se prouve en marchant. Le temps des vaines polémiques semble désormais passé, au profit d'une problématique socio-culturelle plus sérieuse et plus clairement posée. Dans l'état actuel de la Renaissance provençale, l'essentiel, comme le dit R. Lafont, est « de faire ganhar de tèmps a la consciéncia d'unitat e d'identitat », « dins l'espèr e l'espèra que lo problèma grafic en Provença se desmitifique, se despatetize e que lei forças abenadas a lo resòuver sián emplegadas a l'aparament e a l'enantiment globaus de la lenga ».

CONCLUSION (1)

Pour terminer, examinons quelles pourraient être les possibilités d'insertion de l'occitan et de la culture qu'il véhicule dans la culture universelle, à la lumière d'une conception nouvelle des rapports entre cultures dominantes et cultures ethniques, aussi bien en France que dans le monde.

En tant qu'objet de pure science, l'occitan n'a plus désormais besoin qu'on le défende. Les études universitaires abondent, qui traitent de linguistique occitane, de lyrique troubadouresque ou de littérature moderne, tant dans les pays romans que dans les lointains pays scandinaves. Le catharisme même, avec ses implications sociologiques et historiques, connaît un regain de popularité. Les dialectologues révèlent de plus en plus les richesses lexicologiques de l'occitan grâce à des atlas linguistiques qui allient une technicité scientifique irréprochable à une connaissance intime des choses du terroir. Des études détaillées sur le problème, toujours délicat, des limites dialectales mettent l'accent sur des faits mal connus et permettent des justifications plus positives de l'existence même des entités linguistiques : la spécificité de la langue d'oc n'en apparaît que plus nette. Des congrès internationaux de langue et littérature d'oc se tiennent depuis 1955, et ont débouché en 1981 sur la création d'une *Association Internationale d'Etudes Occitanes* (A.I.E.O.) (2). A cet effort international, il faut ajouter celui de l'Université occitane d'été (depuis 1972) et des *Escolas* d'été (en Provence et en Aquitaine, depuis la fin des années soixante-dix). L'intérêt pour les études d'oc est donc patent.

Mais l'Etat français a de la peine à le partager. La loi Deixonne (1951) entendait organiser — de façon fort modeste — l'enseignement des langues régionales. Aprement débattue dès avant d'être promulguée, combattue

---

(1) Nous remercions très cordialement Philippe Martel pour sa large collaboration dans la mise à jour de cette conclusion.
(2) Elle a organisé depuis plusieurs Congrès : Liège (1981), Southampton (1984), Turin (1987), Montpellier (1990) et Vitoria (Pays basque espagnol) en 1993.

dans la presse par des sommités de la linguistique ou de la littérature (Albert Dauzat, Georges Duhamel), elle a été ensuite longtemps sabotée dans ses modalités d'application. Cela malgré la sympathie d'hommes politiques de tous bords qui ont depuis, au fil des ans, déposé pas loin d'une quarantaine de propositions de loi destinées à améliorer la loi Deixonne — toutes enterrées sans phrases — et malgré l'action têtue des associations de défense des langues régionales. (D'abord *Défense et promotion des langues de France*, puis, depuis une dizaine d'années, un *Comité Français* du *Bureau Européen pour les langues moins répandues*, qui regroupe au niveau international tous ceux qui se battent pour les langues minoritaires de la Communauté Européenne.)

Certes il y a eu des progrès depuis 1970 — quand des revendications fortes ont commencé à se faire vraiment sentir. Mais ces progrès ont été longtemps ponctuels, limités, et toujours en butte à de sournois sabotages administratifs. En 1981, l'arrivée au pouvoir de François Mitterrand a suscité de grands espoirs : le candidat avait fait des promesses explicites, notamment dans le cadre de ses 110 propositions, à des mouvements revendicatifs souvent idéologiquement proches de la gauche. Dans un premier temps, il y a eu effectivement des ouvertures. Le rapport Giordan, d'abord, commandé à un chercheur occitaniste par le ministère de la Culture : il associait langues des minorités traditionnelles et langues des minorités non territoriales (Juifs, Tziganes, Arméniens, immigrés récents...), et justifiait les mesures demandées au nom du principe de la réparation historique due à des cultures longtemps combattues. Très discuté, avec des arguments guère différents de ceux utilisés au moment de la loi Deixonne, sinon même du temps de Mistral, ce rapport n'a pas été suivi dans sa totalité par le pouvoir.

Il y a eu quand même des mesures concrètes. Dans le domaine de l'enseignement, la circulaire 82-261 (juin 1982) organisait l'enseignement des langues de France du primaire à l'Université : la création de cursus suivis devenait théoriquement possible. Mais ce bel effort s'est vite arrêté. Une proposition de loi déposée par des députés socialistes autour du Breton Yves Dollo a été finalement enterrée. Une autre proposition de loi, émanant cette fois de députés de droite autour de l'Occitan Jean Briane, a connu le même sort après le changement de majorité en 1986. La création en 1985 d'un *Conseil National des Langues et Cultures de France*, composé de personnalités nommées et se réunissant à l'initiative du Premier Ministre, ne constitue pas vraiment un substitut à ces propositions législatives avortées — d'autant moins que les convocations du Premier Ministre, quel que soit le titulaire du poste depuis 1985 — ont été rarissimes. Depuis mars 1993, le nouveau ministre de l'Education nationale, l'Occitan François Bayrou, a témoigné d'un intérêt plus vif pour la question, allant jusqu'à prononcer un discours programmatique en occitan devant le Conseil général de son département des Pyrénées-Atlantiques (octobre 1993). Mais qu'adviendra-t-il de ces promesses ?

Jusqu'ici, depuis 1982, les seuls vrais progrès ont concerné la création, au fil des ans, de licences, puis de C.A.P.E.S. pour les langues de France. Le C.A.P.E.S. d'occitan fonctionne depuis 1992 (21 postes prévus en 1994). A l'heure actuelle, l'enseignement de l'occitan, tous cycles confondus, concerne annuellement entre 60 000 et 70 000 élèves — soit une infime partie des élèves de l'espace occitan. Et il s'agit le plus souvent d'un enseignement facultatif (sauf pour les rares adeptes de l'occitan comme langue vivante II ou III), enseignement au surplus soumis au volontariat des maîtres et des élèves — et à la bonne volonté, parfois bien peu évidente, de l'administration, à tous les niveaux, depuis les chefs d'établissements jusqu'aux recteurs. Autant dire que les disparités régionales ne sont pas minces, opposant en gros un Sud, où les résultats sont significatifs, et un Nord, où ils demeurent modestes. Ajoutons l'existence d'écoles primaires privées, dispensant un enseignement *en* occitan — et non plus seulement *de* l'occitan. Mais ces *Calandretas,* qui suivent le modèle breton *(Diwwan)* ou basque *(Ikastolak),* sont peu nombreuses, et n'ont pas encore obtenu leur intégration au service public...

En bref : la demande potentielle existe, mais l'institution répugne à l'encourager ou à la satisfaire. Les arguments officiels, budgétaires ou utilitaires, masquent en fait souvent la persistance dans l'Education nationale des vieux réflexes anti-patois — même s'ils restent maintenant dans le domaine du non-dit — ce qui ne les rend pas inefficaces pour autant!

Dans le domaine des médias, des progrès ont pu être enregistrés : il y a à présent des émissions en langue d'oc dans quelques stations régionales de F3 — essentiellement en Midi-Pyrénées-Languedoc-Roussillon, et en Provence. Dans cette dernière région, l'occitan est même utilisé, aux côtés du français, dans les émissions d'information régionale de la mi-journée, avec un bon taux d'audience. Mais toutes ces émissions sont bien courtes...

Notons enfin, çà et là, l'utilisation de l'occitan dans des panneaux bilingues à l'entrée des villes — mais il s'agit d'initiatives locales, non d'une politique générale. La reconnaissance publique de l'occitan reste donc bien maigre en France — alors même que le pouvoir autonome catalan, en Espagne, a fait de l'occitan une des langues officielles du minuscule Val d'Aran.

Et dans la société occitane, quel est le statut actuel de la langue d'oc? Les mouvements revendicatifs — culturels ou politiques — des années soixante-dix ont connu un passage à vide dans les années quatre-vingt. Mais ils n'ont pas disparu. Il existe toujours une presse associative en occitan, des revues utilisant la langue y compris pour des articles scientifiques, et une chanson d'oc, moins foisonnante qu'il y a quinze ans, moins strictement revendicative, mais non négligeable. A côté des interprètes rescapés de la période précédente — souvent liés au mouvement folk —, on voit paraître de nouveaux groupes qui marient l'occitan à des rythmes actuels — rock, rap, raggamuffin, et touchent du même coup des auditoires jeunes *a priori* peu sensibles pourtant à la thématique occitaniste telle qu'elle était jusque-là déclinée.

Et hors du mouvement occitan? On commence enfin à voir les premières enquêtes sérieuses sur l'état réel de la pratique de la langue, au moins pour quelques régions. En 1991 un sondage réalisé sur un échantillon d'un millier d'habitants de la région Languedoc-Roussillon a fourni de précieuses indications. Une personne sur deux, dans ce sondage, déclare comprendre l'occitan, 28 % déclarent le parler plus ou moins. Il faut nuancer, bien sûr : comme on s'en doutait dès avant ce sondage, les occitanophones se recrutent surtout en milieu rural (en Lozère, 67 % comprennent, plus de 50 % parlent) et dans les générations les plus âgées (52 % de locuteurs au-delà de 65 ans, 6 % entre 18 et 24 ans). Et le fait de savoir parler n'implique pas qu'on parle souvent, ni, *a fortiori*, qu'on transmette la langue aux enfants (6 % des locuteurs âgés de 18 à 34 ans ont un enfant parlant occitan...).

Mais ce qui frappe dans ces résultats, au-delà de ces nuances, c'est d'une part une certaine résistance, malgré tout, de la langue, et d'autre part l'évolution de l'image de cette langue. 80 % des sondés — locuteurs ou non — sont favorables à l'enseignement de la langue (même si seuls 55 % sont disposés à voir *leurs* enfants bénéficier de cet enseignement), 32 % connaissent et acceptent la dénomination « occitan » — même si 62 % préfèrent encore parler de « patois ». Cela dit, le pessimisme quant à l'avenir de la langue d'oc prévaut : les deux tiers des sondés la voient plutôt sur le déclin. Et on peut les comprendre !

Car les mécanismes décrits dans les éditions précédentes du présent ouvrage continuent de fonctionner. Et en premier lieu la rétraction progressive de l'aire sociale d'usage de l'occitan, qu'ont abandonné au cours des siècles l'aristocratie, puis la bourgeoisie, puis les classes moyennes, puis les classes populaires urbaines, puis des pans entiers de la paysannerie, femmes et enfants en tête. Tandis que le « patois » se voyait universellement associé, dans les mentalités, à l'archaïsme, à la pauvreté, à l'ignorance, etc. Les vecteurs de son éviction : l'école, certes — quoique de façon moins massivement brutale qu'on ne l'a longtemps cru. Et aussi les changements socio-économiques —, déclin de la paysannerie traditionnelle, modernisation de la société menée avec le français comme outil et emblème, brassages de population, rôle du tourisme... Sans oublier l'Armée et les médias, malgré les maigres progrès récemment enregistrés. Le français est bel et bien présenté et reçu comme la langue du pouvoir et de la modernité, et ses défenseurs n'ont que peu d'estime pour les « patois » qu'il doit remplacer — toute cohabitation étant, dans l'idéologie linguistique française, impossible. Le recul de l'occitan dans l'usage quotidien n'a donc pu que s'accélérer ; il commence même à toucher, hors de France, les vallées occitanes du Piémont jusque-là préservées.

Tout cela reste vrai, bien sûr. Mais le mouvement inverse qui s'esquissait, il y a trente ans, en direction d'une amélioration de la situation morale de la langue s'est poursuivi, on l'a entrevu dans les paragraphes qui précèdent. Le recul de l'occitan dans les pratiques langagières quotidiennes fait qu'il n'est plus une hypothèque sur l'avenir aux yeux de gens qui le parlent encore, mais qui ont de toute façon une bonne maîtrise du français. Certains, et pas seulement des intellectuels, peuvent désormais s'en emparer comme d'une marque identitaire forte, ou comme d'un enjeu de plaisir et de désir. C'était le cas des félibres du siècle dernier, petits-bourgeois fraîchement francisés mettant la culture de l'école au service de leur langue d'origine. Ce processus est désormais possible à l'échelle de la société occitane dans son ensemble, ou presque. Ce qui tue l'occitan, paradoxalement, lui ouvre en même temps un espace nouveau de survie, au moins temporaire et partielle. D'où le recrutement sociologique de l'occitanisme (des jeunes urbains désoccitanisés, souvent). D'où l'existence d'un public scolaire pour la langue, et d'un public tout court pour ses productions culturelles, souvent aux antipodes de tout passéisme ruraliste.

Car, aujourd'hui comme hier, l'occitan a des chances de survie à condition de se démarquer du vieil esprit de maintenance, du culte des « racines » ou du « patrimoine » dans lequel l'opinion dominante aimerait l'enfermer. A l'heure actuelle, il ne peut plus s'agir uniquement de maintenir :

— Parce que l'état des pratiques linguistiques et surtout leur dynamique d'évolution ne le permettent pas : ce qui a protégé l'occitan a longtemps été la force d'inertie de la société occitanophone traditionnelle : comment faire des francophones monolingues d'enfants qui retrouvaient, dès que le maître avait le dos tourné, un milieu où dominait l'occitan, en dépit de la honte qui s'attachait souvent à son usage ? A l'heure actuelle, la force d'inertie joue dans le sens inverse : l'accélération du changement de langue entrave non seulement la conservation de l'occitan dans ses réduits traditionnels, mais encore sa reconquête en dehors de ces réduits préservés : comment faire reparler occitan à des gens qui ne le parlent pas, ou plus ? Il ne suffit pas de jouer sur la nostalgie d'un « bon vieux temps » hypothétique, dont la plupart ignorent tout, et auquel ceux qui l'ont connu ne voudraient en aucun cas revenir. La culture d'oc n'a d'autre choix que d'épouser son temps, en inventant de nouveaux chemins.

— Parce que, dans son état actuel, la fraction de la société qui pourrait encore maintenir tel quel l'occitan hérité ne donnerait pas assez de substance humaine à une culture occitane vivante : ceux qui parlent l'occitan quotidiennement ne sont pas nécessairement ceux qui le lisent, ou qui ont envie de le lire. On l'a dit plus haut, le public potentiel est pour l'essentiel ailleurs — y compris donc chez des gens qui n'ont pas eu l'occitan comme véritable langue maternelle et qui ont dû l'apprendre.

— Parce que l'esprit de maintenance est le plus dangereux qui soit. Il a trop associé dans le passé l'occitanisme à des idéologies de conservation sans espoir. Nous savons maintenant qu'il ne peut que geler les enthousiasmes en leur proposant un but dérisoire.

Alors même que des possibilités s'ouvrent encore, notamment avec l'évolution récente de la donne institutionnelle en France et en Europe, les lois de décentralisation de 1982 ont fait émerger un nouveau lieu de pouvoir, la Région. Et l'on voit depuis peu que certaines régions occitanes (Languedoc-Roussillon et à un moindre degré Midi-Pyrénées) investissent dans le soutien à la culture « régionale » des sommes non négligeables. Peut-être parce que le recours à l'identité linguistique est pour elles un moyen supplémentaire de légitimer leur toute récente existence. A un tout autre niveau, les progrès de l'intégration européenne s'accompagnent d'une attention accrue, de la part des instances communautaires, à l'égard des nombreuses minorités des Etats membres. Nous avons déjà évoqué le *Bureau européen pour les langues moins répandues.* Et, en 1992, une *Charte européenne pour les langues régionales et minoritaires,* définissant, de façon souple, le traitement à réserver à ces langues, a été présentée à la ratification des divers Etats concernés. Autant de signes qui montrent que ce n'est plus seulement à Paris que se définit l'espace accordé aux cultures minoritaires de France.

Tout n'est évidemment pas réglé pour autant. Ni le problème de l'état actuel de la langue sur le terrain, bien sûr — on l'a vu. Ni celui des résistances opiniâtres des mentalités françaises, au niveau national, que les progrès de la Région ou de l'Europe ne désarment pas, si même ils ne les amènent pas à se crisper plus encore. La France, début 1994, n'a toujours pas ratifié la Charte européenne dont nous venons de parler. Et nombreux sont ceux, à droite comme à gauche d'ailleurs, qui voient dans la conjonction de l'infra- et du supra-national une menace pour le national, avec sa charge de gloire, d'histoire et de mémoire. A ceux-là, aux défenseurs de l' « identité française », mais aussi à ceux d'une « francophonie » qui se voit volontiers en citadelle assiégée, il vaut certes mieux ne pas parler de la prise en compte des langues de France ! Et à ces résistances somme toute archaïques sont venus plus récemment porter secours des discours plus subtils. De bons esprits, au nom d'un « Universel » commodément assimilé à la seule culture française, manifestent une grande méfiance face à des revendications minoritaires soupçonnées d'arrière-pensées « communautaristes » porteuses du danger d'on ne sait quelle dérive à la bosniaque. Aux défenseurs de l'occitan — et des autres langues de France — de relever le défi. A eux d'affirmer au contraire que l'universel ne peut se bâtir que sur la cohabitation des diverses cultures particulières, et sur l'échange continuel qui doit s'établir entre elles. Dans ce débat, qui dépasse largement la France et l'Europe, dans la définition de cet humanisme qui reste plus que jamais à naître au milieu des tourmentes de notre fin de siècle, la millénaire petite voix occitane a encore, si elle veut, son mot à dire.

QUELQUES REPÈRES CHRONOLOGIQUES

IXe siècle : Premières chartes en langue mixte.
Xe siècle : *Boèce, Chanson de Sainte-Foy d'Agen.*
XIe siècle : Traduction de l'Evangile de saint Jean.
1071 : Naissance de Guillaume de Poitiers.
1208 : Début de la croisade contre les Albigeois.
1235 : Naissance de Ramon Llull.
1323 : Fondation du *Consistori del Gai Saber* et des Jeux floraux.
1393 : Naissance d'Auzias March.
Vers 1513 : Transformation du *Consistori del Gai Saber* en Collège de Rhétorique.
Vers 1525 : Naissance de Pey de Garros.
1539 : Edit de Villers-Cotterêts.
1790 : Circulaire de l'abbé Grégoire sur les patois.
1798 : Naissance de Bonaventura Carles Aribau.
1819 : *Le Parnasse occitanien* de ROCHEGUDE.
1816-21 : *Choix des poésies originales des troubadours* de RAYNOUARD.
1830-44 : *Lexique roman* de RAYNOUARD.
1830 : Naissance de Mistral.
1845 : Naissance de Jacint Verdaguer.
1846-47 : *Dictionnaire provençal-français* d'HONNORAT.
1854 : Fondation du Félibrige.
1859 : *Mireille.*
1885 : *Trésor du Félibrige.*
1888 : *La Chanson limousine* de Joseph ROUX.
1914 : Mort de Mistral.
1919 : Fondation de l'*Escòla Occitana.*
1935 : *Gramatica Occitana* de Louis ALIBERT.
1945 : Fondation de l'*Institut d'Etudes occitanes.*
1951 : Loi Deixonne.
1955 : Premier Congrès international de Langue et Littérature du Midi de la France.
1966 : *Dictionnaire occitan-français* de Louis ALIBERT.
1972 : Première Université occitane d'été.
1981 : Fondation de l'*Association Internationale d'Etudes Occitanes.*
1992 : Création d'un CAPES d'occitan.

BIBLIOGRAPHIE[1]

ALIBERT (Louis), *Gramatica occitana, segon los parlars lengadocians*, Tolosa (Soc. d'Estudis occ.), 1935 ; 2e éd. Montpellier (CEO), 1976.
— *Dictionnaire occitan-français*, d'après les parlers languedociens, Toulouse (I.E.O.), 1965.

ANGLADE (Joseph), *Grammaire de l'ancien provençal ou ancienne langue d'oc*, Paris (Klincksieck), 2e éd., 1965 ; reprint 1977.

BAILON (Cr.) et LAFONT (R.), *Metòde per aprene l'occitan parlat*, Centre d'Études occitanes, Montpellier, Fac. des Lettres, 1969 (texte + disques).

BARTHE (Roger), *Lexique français-occitan*, Paris (coll. « Amis de la langue d'oc »), 1970.

BAYLE (Louis), *Grammaire provençale, avec exercices, vocabulaire, textes de lecture, tableaux de conjugaison*, 2e éd., 1967 (L'Astrado) [graphie félibréenne].

BAZALGUES (Gaston), *L'occitan lèu-lèu e plan*, Paris (Omnivox International), 1975.

BEC (Pierre), *Petite nomenclature morphologique du gascon*, Toulouse, Annales I.E.O., 1959, p. 5-36.
— *Nouvelle anthologie de la lyrique occitane du Moyen Age. Initiation à la langue et à la poésie des troubadours*, Avignon (Aubanel), 1970 ; 2e éd., 1972.
— *Manuel pratique de philologie romane*, Paris (Picard), 2 vol., 1970 et 1971 (cf. vol. I, p. 394-554).
— *Manuel pratique d'occitan moderne*, Paris (Picard), 1973 ; 2e éd. 1983.

BERTHAUD (Pierre-Louis) et LESAFFRE (Jean), *Guide des Etudes occitanes*, Paris (Les Belles-Lettres), 2e éd. 1953. — *Bibliographie occitane*, Paris (Les Belles-Lettres), 1958.

BONNAUD (Pierre), *Abrégé de grammaire auvergnate*, Clermont-Ferrand (Cercle occ. d'Auvergne, Fac. des Lettres), 1971.

BOURCIEZ (Ecouard), *Eléments de linguistique romane*, Paris (Klincksieck), rééd. 1946.

BRUN (Auguste), *Essai historique sur l'introduction du français dans les provinces du Midi de la France*, Paris (Champion), 1924.

CAMPROUX (Charles), *Histoire de la littérature occitane*, Paris (Payot), 2e éd. 1970.
— *Etude syntaxique des parlers gévaudanais*, Paris (Presses Universitaires de France), s.d.

COMPAN (André), *Grammaire niçoise*, Nice (Tiranty), 1965 [graphie félibréenne].

DARRIGRAND (Robert), *Initiation au gascon*, Pau (Ed. Per Noste), 1971.

ESTALENS (Jean-François d'), *Dictionnaire français-gascon. Des notions aux mots*, 2 vol., Toulouse (E.U.S.), 1993.

FERNÁNDEZ GONZÁLEZ (José Ramon), *Gramática histórica provenzal*, Oviedo, 1985.

FOURVIÈRES (Xavier de), *Grammaire et guide de la conversation provençale*, Avignon (Aubanel), rééd. 1952 [graphie félibréenne].

GONFROY (Gérard), *Dictionnaire normatif limousin-français*, Tulle (Ed. Lemouzi), n° 55 bis, 1975.

GROSCLAUDE (Michel), *Lo gascon lèu e plan*, Paris (Omnivox International), à paraître (1977).

(1) Nous ne mentionnons que l'édition la plus récente des ouvrages. Pour d'autres titres ou références bibliographiques, voir à l'intérieur.

JOURNOT (Jean), *Eléments de gramatica occitana*, Tolosa (I.E.O.), 1969.

KREMNITZ (Georg), *Versuche zur Kodifizierung des Okzitanischen seit dem 19. Jh. und ihre Annahme durch die Sprecher*, Tübingen, 1974.

LAFONT (Robert), *La phrase occitane, Essai d'analyse systématique*, Paris (Presses Universitaires de France), 1967.
— *L'ortografia occitana. Sos principis*, Montpellier (Centre d'Etudes occ., Univers.), 1971.
— *Clefs pour l'Occitanie*, Paris (Seghers), 1971.
— *L'ortografia occitana. Lo provençau*, Montpellier (C.E.O.), 1972.
— Avec ANATOLE (Christian), *Nouvelle histoire de la littérature occitane*, Paris (Presses Universitaires de France, Public. de l'I.E.O.), 2 vol., 1970.

LAGARDE (André), *Vocabulari occitan*, Tolosa (I.E.O.), 1971.

LESAFFRE (Jean) et CLUZEL (Irénée-Marcel), *Bibliographie occitane (1957-1966)*, Paris (Les Belles-Lettres), 1969. Cf. BERTHAUD-LESAFFRE.

LEVY (Emil), *Provenzalisches Supplement-Wörterbuch*, Leipzig, 1894-1918, 8 vol.
— *Petit dictionnaire provençal-français*, Heidelberg, 3e éd., 1961.

MARTIN (Guy), POGGIO (Yves) et BARSOTTI (Claude), *Parlam provençau*. Méthode audio-visuelle d'apprentissage rapide de l'occitan parlé — dialecte provençal — en 20 leçons, Marseille (C.R.E.O.P., 10, boulevard Curtil, Marseille, 12e), 1971. Cf. BAILON-LAFONT.

MISTRAL (Frédéric), *Le trésor du Félibrige*, Paris (Delagrave), 2e éd., 1932 ; nouvelle éd. sous presse.

NOUVEL (Alain), *L'occitan sans peine*, « Assimil » (langues régionales), 1975.

PALAY (Simin), *Dictionnaire du béarnais et du gascon modernes*, Paris (Ed. du C.N.R.S.), 2e éd., 1961.

RAPIN (Christian), *Diccionari francés-occitan*, Agen (Ed. « Cap e cap »), s.d.
— *Diccionari francés-occitan segon lo lengadocian*, vol. I (letras A et B), Institut d'Estudis Occitans et Escòla Occitana d'Estiu, 1991 ; vol. II à paraître en 1994.

RIPERT (Emile), *La Renaissance provençale (1800-1860)*, Paris (Champion & Dragon), 1918.
— *Le Félibrige*, Paris (A. Colin), 1948.

RONJAT (Jules), *Grammaire istorique* (sic) *des parlers provençaux modernes*, Montpellier, 4 vol., 1930-32-37-41.

ROURRET (Robert), *Dictionnaire français-occitan provençal*, Alpes-Maritimes (I.E.O.), 1981.

SALVAT (Joseph), *Grammaire occitane*, Toulouse (Privat), 2e éd., 1951.

TAUPIAC (Jacme), *Pichon diccionari francés-occitan*, Toulouse (I.E.O.), 1977.
— *Diccionari de mila mots* (Los mila mots occitans mai importants ambe la traduccion en catalan e esperanto), Tolosa (Collegi d'Occitania), 1992.

TEULAT (Roger), *Grammaire de l'occitan de référence (les sons, les mots, les formes)*, Agen (Ed. « Cap e cap »), ex. ronéot., 1972.

TINTOU (Michel), *Grammaire limousine*, n° 29 de *Lemouzi*, 1969 ; 2e éd., revue et augmentée, n° 48 de *Lemouzi*, 1973.

VERGÉS BARTAU (Frédéric), *Petit Diccionari castelhan — aranés (occitan) — catalan — francés /Aranés (occitan) — castelhan — catalan — francés*, Vielha (Val d'Aran), 1991.

TABLE DES MATIÈRES

INTRODUCTION. — **L'occitan, langue ethnique de France**   3

CHAPITRE PREMIER. — **Spécificité linguistique du gallo-roman méridional**..............................   5

I. L'occitan et les langues romanes, 5. — II. Domaine géographique de l'occitan, 8. — III. La bi-partition linguistique du gallo-roman : essai d'explication, 12. — IV. Spécificité linguistique de l'occitan, 23.

CHAPITRE II. — **Fragmentation dialectale du gallo-roman méridional**   32

I. Les dialectes occitans, 32. — II. Structuration supra-dialectale de l'occitan, 52. — III. Textes, 56.

CHAPITRE III. — **L'ancien occitan**.................   62

I. L'occitan, langue de culture. Ses différents noms, 62. — II. L'occitan médiéval, langue de culture et langue véhiculaire, 65. — III. Décadence et langue de transition (moyen-occitan), 73.

CHAPITRE IV. — **L'occitan moderne**   89

I. De la première renaissance au Félibrige, 89. — II. Le Félibrige et la restauration de la langue, 97. — III. La réforme occitane, 106.

CONCLUSION   117

QUELQUES REPÈRES CHRONOLOGIQUES   125

BIBLIOGRAPHIE   126

Imprimé en France
Imprimerie des Presses Universitaires de France
73, avenue Ronsard, 41100 Vendôme
Janvier 1995 — N° 40 658